震災復興・原発震災
提言シリーズ 10
PROPOSAL SERIES

東日本大震災・原発震災10年、そのあとに

医療・福祉・生活者の視点からの提言

兵庫県保険医協会／協会西宮・芦屋支部 編

クリエイツかもがわ
CREATES KAMOGAWA

はしがき

２０１１年3月11日午後2時46分に発生した東日本大震災により、約1万６０００人が亡くなり、いまなお２５００人以上が行方不明のままです。改めて、震災でお亡くなりになった方々とそのご遺族に対し、深い哀悼の意を表します。

いまでも約4万８０００人の避難者が、仮設住宅や全国の親戚・知人宅などで不自由な暮らしを続けています。長きにおよぶ遠方での生活は、故郷へ帰り元の生活とコミュニティを取り戻すという選択をさらに難しくしています。避難者の高齢化とともに、避難生活の長期化がもたらす新たな問題といえます。居住先がどこであれ、全国の避難者が少しでも心身の安らぐ生活が送れるよう願っています。

兵庫県保険医協会は、阪神・淡路大震災を経験した医療団体として、東日本大震災被災地を継続訪問し、被災地の人たちから多くのことを学んできました。そこで、被災地内外でお互いが交流し理解し合い知恵を絞ることが大切と考え、来年開催予定の「東日本大震災10年のつどい」に合わせて、また、協会の50周年事業として、本書を刊行することにしました。

発刊の目的は、大災害10年を前にして課題を明らかにし、被災地内・被災地外のつながりを深め、生活者の立場から被災地復興に具体的に役立てることにあります。執筆は、被災地訪問で出会った方々、協力をいただいた方々にお願いしました。被災地での住民本位の復興と支援制度の拡充はまだまだ不十分です。一瞬にして人々の暮らしや命を奪った震災が忘れ去られないよう、被災した地域や人々に寄り添った地道な交流、支援を継続していくことが、亡くなった方への供養であり、被災者への共感、励ましになると考えています。

本書が、震災の教訓を新たにし、ご自身にできることを考えていただくきっかけになれば幸いです。

兵庫県保険医協会理事長　西山　裕康

震災復興・原発震災提言シリーズ 10
PROPOSAL SERIES

東日本大震災・原発震災10年、そのあとに
――医療・福祉・生活者の視点からの提言

CONTENTS

第Ⅳ部　熊本地震

I

阪神・淡路大震災

西宮の名塩仮設住宅でのアートイベント――誰でも来られるときに自由に参加。一日かけてみんなで楽しく描き上げた作品の数々を前に。作品はすべて医療・福祉・長期療養施設に寄贈された。

1 巨大災害と開業医

兵庫県保険医協会／西宮・芦屋支部からの報告

西宮市・広川内科クリニック院長　広川恵一

（2020年1月18日兵庫県保険医協会／西宮・芦屋支部〈阪神・淡路大震災25年の集い〉から）

1 最近の風水害から

2019年は風水害が相次ぎました。9月19日に台風15号（千葉市上陸、死者3人）、10月12日に台風19号（福島・宮城県を中心に死者86人）、10月25日には台風21号（千葉県豪雨、死者10人）とその影響が千葉県東部でありました。

2018年9月4日には、台風21号が兵庫県を直撃し死者14人、負傷者980人、住宅の全壊68棟、半壊833棟、一部破損は9万7009棟、床上浸水244棟、床下浸水463棟でした。関西国際空港では一時8000人が孤立し、西宮浜では100台の車が炎上し停電も長期化しました。

そして、2日後の9月6日に北海道胆振東部地震が発生し、まさに災害列島であることを思わされました。

そのときに、開業医として改めて経験したことは在宅医療への影響でした。室温管理ができず熱中症や脱水症状の人が出たり、在宅医療機械では人工呼吸器や吸引器が使えなかったという報告が聞かれました。

以下は２０１８年の台風21号の際に、尼崎市の薬剤師でケアマネジャーをされている滝本桂子さんから私にいただいたメールです。

「……台風21号の影響による停電で診療や開局ができなかったところも多かったようです。尼崎でもレセコンや分包機が動かず、とりあえずのお薬をわたし、一包化は小さなビニール袋に入れておわたししたという話も聞きました。

Ｔさんの文化住宅のある一帯は４日間停電しました。当日の夕刻まだ風もひどい時刻にヘルパーさんが入ってくれましたが、昼でも暗い部屋は真っ暗でおしめ交換もままならないと報告がありました。自宅のランタンを持っていこうかと提案しましたが、歩いて行けば30分はかかるので断念し、スマートホンの明かりで何とか交換してくれました。

翌朝、照明をもって訪問したらちょうど訪問の薬剤師さんも来てくれて、自分の薬局も停電で大変なのに、室温が高いのを心配して保冷剤を分けてくれました。

訪問入浴は電源がないため中止になってしまい、臨時に頼んだヘルパーさんは自宅でお湯を沸かしてペットボトルに詰めて運んでくれて清拭をしてくれました。

『誰も信じない』と言い切っていたＴさんが、以前に『大雨の時に庄下川が氾濫したらおしまいだね』という私に『消防隊が助けてくれるさ』と言い返したことを思い出しました。いっぱいつらい目にあってきているのに、深いところでは、人を信じているんだと感動しました。

人は捨てたものじゃないと思えることが、この仕事のいいところです……」

システムや連携図も大切ですがそれだけでは収まらないことも多く、変化する被災現場のなかでは、型にはまらない人間的な知恵と工夫、働きと成長があります。巨大災害のなかで多くの人がもった経験を、ここにおいても思い起こすことができるのではないかと思います。

2 阪神・淡路大震災

(1) 保険医協会の震災対策拠点づくり

1995年1月17日の阪神・淡路大震災で、西宮市にある私の医院の周辺も大きな被害を受けました。近隣では、1階がつぶれて2階が1階のようになっていました。人口43万人の西宮市は死者1010人、避難者4万5000人でした。医院の近隣8町は人口5300人ですが、死者62人、避難者1370人と、比率では死者が全市の5倍、避難者は2・5倍でした。

翌18日に兵庫県保険医協会に震災対策本部をつくり、全国保険医団体連合会、大阪府保険医協会、各協会の協力を得て水・医薬品の配送体制を決め、3日目から配送を行い医療ボランティアの受け入れを開始しました。

対策本部発足の直後は、①会員の訪問と安否確認、②ニーズの把握、③医療機関への必要医薬品・水・医療消耗品の配送が中心でした。協会事務局員が一軒ずつ回り地区の会員の安否確認をし、全部確認できたら

「全員無事」の垂れ幕をかけていきました。これは私たちにとって大きな励みになりました。

震災対策拠点をつくったのは、保険医協会には①開業保険医の生活と権利を守り、②患者・住民とともに地域医療の充実・向上をめざすという2本柱の目的があり、「現在の医学水準に照らして良心に呵責のない診療を」（1968年、兵庫県保険医協会設立趣旨）したい、「環境、公害問題についても積極的な役割を果たす」（兵庫県保険医協会、保険医団体連合会の開業医宣言）という根本的な考え方があり、私たちは①診療機能、②教育（共育）機能、③コミュニケーション機能という日常診療の「3つの機能」をもっているからです。「被災地医療」は日常診療の延長線上にあり、一刻も早く通常に戻すことが拠点設置の第一の目的でした。

全国からたくさんの支援の手が届きました。その「支援が円滑に進むように支えるのが私たちの仕事」だと考えました。被災地支援は被災地で受け入れて初めて成り立つわけです。支援を「拠点」として支援する、つまり手伝いに来た人を手伝うという双方向の関係が大切だと考えたわけです。

被災地の医療面には経時的変化があります。被災直後は①外傷処置、②検死、③避難所の頻回訪問が重要課題でした。直後から3日目までは①拠点づくり、②安心をはかる、③安否確認が重要です。4日目から1週間は、①慢

物資の配送

阪神・淡路大震災直後の広川内科クリニック近隣の様子
（見えているところが建物の2階部分）

性疾患、②公衆衛生、③精神的対応に重点が移ります。これらを先取りしていきながら地域の健康を守っていくわけです。このことは全ての災害、厄災に共通することと思います。

(2) 取り組みのなかで

観念的にならないことが大切なことに気がつきました。たとえば、弁当が配られていたので、1日のカロリーは十分だろうという思い込みがありました。しかし、食事内容を記録してもらってみると、1日に必要なカロリーが足りていない人が少なからずいて、配食されているからカロリーはそのままとられているものだと思い込むことの危険性に気がつきました。

訪問看護師は、1日3回のミーティングを開きながら活動しました。看護師は避難所館内に施設職員と意見を出し合い協力して「ほけんだより」をつくり、700人余りが避難した公民館館内の完全禁煙をあっという間に達成しました。

多くの医師・医療関係者はそれぞれの持ち分で関わっていて、その一つひとつを紹介することはできませんが、発災直後の2人の女性医師の活動に触れたいと思います。

1人は大阪から来た眼科医師で、避難所で「目の具合の良くない方はおら

「ほけんだより」づくり

拠点に張り出された「全員無事」の垂れ幕

れませんか?」と声をかけて、手の上がった一人ひとりを診察し、病名、処方薬名、自分の名前を書いた紙をわたして「これを持って近くの眼科に行きなさい」と伝え、被災地で心理的な受診の抑制がみられるなか継続した診療を支えました。

もう1人は西宮の内科医で、自分の病院の安全性が保てないとすぐに判断し、100人以上の全入院患者をその日のうちに大阪・近隣の受け入れ可能な医療機関に分散して搬送を行い、毎日転院先に患者を見舞い、院長や師長、スタッフにお礼をして回りました。

(3) 震災から学んだ教訓

発災直後の地域救援の第一の担い手は地域住民です。倒壊家屋からの被災者の救出、消火活動、負傷者の搬送など懸命に行ったからです。「地域住民は、復旧や復興の先々までの第一の担い手」であるべきで、震災復興ではこれがとても大切なことだと考えます。

ボランティア、とりわけ看護ボランティアは、①生命力の消耗を最小にするように暮らしを整える、②被災を受けた人たちの感情表現を支え、保清をはかり、必要な人は医療・介護につないでいく、③知識・技術・倫理の3つに関心をもって取り組みに関わっていたことが印象的でした。

震災で確認できた教訓の1つは、「通常でないときに通常通りしようとするのは異常」ということでした。たとえば、災害時に医療機関の受付で被災者に「保険証をもって来られましたか」とは聞かないのです(聞くことが異常)。普通は「保険証をもって来てください」です。でも災害時はそのほうがおかしいということです。

(4) 山の中にできた名塩仮設住宅

名塩仮設住宅は、山の中にできた400戸の仮設住宅でした。ここでは開業医である兵庫県保険医協会／西宮・芦屋支部の会員もイベントをはじめ健康講座の講師やいろいろな集まりに参加し、多くの気づきを得ることができました。

ユニットバスは高さがあり、高齢者は足下が不安定になります。入居者の1人が、廃材を切って踏み台をつくり始めました。次第につくり手も増えて、たくさんつくっては配り喜ばれました。

自治会をつくることになり、踏み台をつくっていた人たちが推されて役員になりました。自治会の最初の仕事は、入居者名簿をつくることでした。1時間かけて役所に行き「名簿をください」と頼むも、プライバシーを理由に拒否されました。

彼らは戻って手分けして、一軒ずつ冬に向けての要望も聞きながら400軒を回り、1週間かけて入居者名簿をつくりました。会長さんが私に言ったことは「名簿を断られて却ってよかった」「名簿だけでなく入居者と顔見知りになり信頼関係ができました」でした。

その仮設に、県から越冬救援物資として40枚の毛布が届きました。この40枚の毛布を400軒にどう配るか侃々諤々の大議論の果てに、みんなで知人

山の上にできた名塩仮設住宅

にこの現状を手紙で知らせることにしました。すると、期せずして全国からポンチョやアンカや毛布が、住宅一杯になるほど届けられました。

毛布とその支援物資とをあわせて賞品にして仮設をあげて大ビンゴ大会を開き、地元の民生委員の協力を得て司会をしてもらい、全員に分けました。余ったものは、「なんでもタダはアカン」とイベントごとに低価格で売り、自治会収入にすることになりました。この仮設では「孤独死を出さないこと」を目的の一つとして、1週間に1回以上、ボランティアのイベントが行われました。

3 東日本大震災・熊本地震と兵庫県保険医協会／西宮・芦屋支部

(1) 被災地に集まって知恵を絞る

私たちは2018年9月に、元京都大学原子炉実験所助教の小出裕章氏に同行をお願いをして被災地を訪問しました。飯舘村では、家屋の玄関や庭でも0・31マイクロシーベルト／h、周辺草地では0・74マイクロシーベルト／hと高度の線量でした。

地元のKさんは、高齢のお母さんと避難しましたが狭い仮設住宅で、吐き気がする、吐く、下痢をする、寝られないなど体調の不良を来たし、帰宅困難地区の自宅に戻ったのです。すると症状が改善しました。

楢葉町にある宝鏡寺の早川篤雄住職は、胸に「あやまれ、つぐなえ、なくせ原発」と書かれた缶バッジを胸につけられていました。宝鏡寺は600年続いたお寺です。住職は三十代目で、その胸中には「自分の代でこのお寺が最後になると思うと非常に悲しい、つらい、許せない」という思いがあります。

飯舘村のお母ちゃんたちは、古居みずえ監督の「飯舘村の母ちゃんたち 土とともに」という映画になりました。山菜の味噌漬けなど、その映画に出られた菅野榮子さんら飯舘のお母ちゃんたちの得意料理を集め、飯舘の食と暮らしを紹介する栄養教諭の簱野梨恵子さんの本もできました（『までぇな食づくり』民報印刷、2018年）。この本の冒頭には「私自身もあの事故がなかったらこの本を書くこともなかったと思います。……あの事故の後は村に住めなくなった大家族が小さな世帯ごとバラバラになりました。そして連綿と営まれていた山の恵みを頂く生活ができなくなりました……」とあります。

古居みずえさんは2017年7月に西宮・芦屋支部の文化企画で映画上映にあわせた講演に、簱野梨恵子さんは2019年8月に兵庫県保険医協会日常診療経験交流会プレ企画で「こどもの食の現場／飯舘村の食とくらし―原発災害の中で―」の講演に、それぞれ講師として招いています。

(2) 被災地から招いて知恵を絞る

2011年から2019年までに、兵庫県保険医協会日常診療経験交流会プレ企画として毎年被災地から多くの人たちを招きました（表1）。最初の2011年の取り組みの際、私は「先生はなぜがんばられているのですか？」

飯舘村で

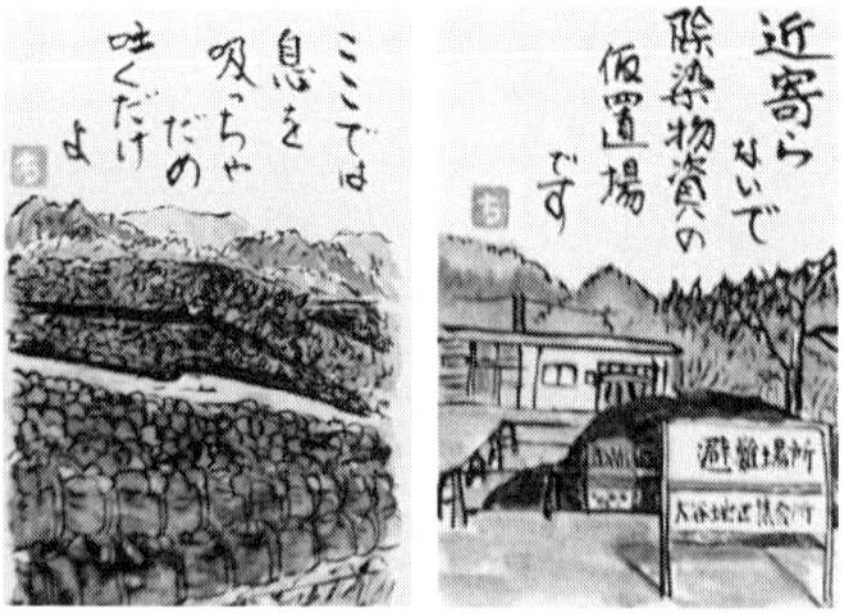

住職の妻の早川千枝子さんから届いた絵手紙

表1 兵庫県保険医協会日常診療経験交流会プレ企画〈震災〉 2011年～2019年

①2011年	被災直後現場の医師たちのとりくみ 植田俊郎医師（大槌町）、石木幹人医師（陸前高田市）、上原忍医師（亘理町）
②2012年	福島・病院看護の立場から 藤原珠世看護部長（南相馬市・大町病院）
③2013年	地域看護・民生委員～ボランティアの立場から 菊池優子訪問看護師、小野道子民生委員（気仙沼市）
④2014年	医師ボランティア・原発災害の中の医療活動から 川島実（本吉病院）、古屋聡医師（山梨・牧丘病院）、松本純医師（福島・いいの診療所）
⑤2015年	薬剤師の立場から～現地・ボランティア・地元 金子早苗薬剤師（仙台）、大風春乃薬剤師（尼崎）、板倉弘明薬剤師（西宮）
⑥2016年	熊本地震～医師・歯科医師・歯科衛生士・市民 本庄弘次医師（本庄内科病院）、山口彩子歯科医師（菊陽病院）、村本奈穂歯科衛生士、ディヌーシャ・ランブクピティヤ先生と家族（南阿蘇村） ゲストコメンテーター;杉山正隆歯科医師 特別発言;足立了平歯科医師
⑦2017年	福島第一原発事故と関連する健康被害 松本純医師、齋藤紀医師
⑧2018年	世界史的災害の現場で考えたこと 桜井勝延前南相馬市長
⑨2019年	こどもの食の現場/飯舘村の食とくらし―原発災害の中で― 簱野梨恵子栄養教諭

兵庫県保険医協会日常診療経験交流会プレ企画（2011年）

と質問しました。

大槌町の植田俊郎医師は「ここ（救援ヘリでたどり着いた避難所の学校）が私の仕事場。私はここで食べさせてもらっているこの町の住人だからです」、陸前高田市の石木幹人医師は「看護師さんから『患者さんが……』と声がかかると、医師というものは身体が自然に動いてしまうものです」、流されていく隣の家の人を見たという亘理町の上原忍歯科医師は「その様子をこの眼で見た自分に与えられた仕事です」との答えが、それぞれ返ってきました。とても心に深く受け止めた次第です。

おわりに

以上、災害経験のなかで気づいたこと・大切だと思ったことの一部について報告しました。課題は多く、尽きることはありません。

兵庫県保険医協会／西宮・芦屋支部の震災・災害にかかわる取り組みは、①震災・災害の経験の研究・交流、②東日本をはじめ被災地の訪問、③被災地から招いての講演会・交流会、④阪神・淡路大震災メモリアル・記録誌の継続発行、⑤借上復興住宅継続入居への協力、⑥アスベスト飛散への対応、⑦被災地交流・物産物品展、⑧協力団体の連携・中央自治体への要請などがあります。

それらについて詳細に触れることができませんでしたが、交流や研究の機会をさまざまに持つことができればと考えます。

2 阪神・淡路大震災の25年間の復興検証を

兵庫県立大学復興政策研究科科長　室崎益輝

1 25年間の復興検証の重要性

阪神・淡路大震災から25年が過ぎました。いま改めて復興を検証することが非常に重要です。その理由は大きく次の2点です。

第1は、これまでの復興の検証がきわめて不十分で、正しい教訓を引き出せていないからです。誤った復興の検証を正す必要があります。震災後5～10年頃は被災原因についての検証が重点的で、それらは精度もかなり高いものでした。しかしこの25年間の復興全体の評価、今後の復興の展望など、これまでほとんどできなかった検証が必要です。

第2は、被災直後には正確に評価できなかったことも、25年の年月を経ると客観的、歴史的に俯瞰した冷静な評価ができるからです。

また、「検証の検証」が必要です。5年目は、莫大な予算を使って世界中から研究者を何回も日本に招いて、非常に充実した検証が実施されました。個人の住宅復興に対する公的支援の必要性などは、イギリスの研究者らの強いサジェスチョンがあって提起できました。しかし、いい検証も実行が伴わなければ意味がありません。検証内容が正しく実行されたのかどうか、よく考える必要があります。

注意すべきは、先送りの議論にしないことです。あるべき復興の姿を解明し、その復興マニュアルを次の南海トラフ巨大地震に生かそうなどと、私たちは往々にして次の議論をしがちです。しかし、いまの問題はまだ解決していない、という見方が非常に大事です。

たとえば、借り上げ復興住宅の追い出し問題があります。くり返さないために、入居時の手順や手続きをきちんと決めておくこと、期限を切らないことなどの検証はできますが、いま起きている問題には触れない傾向があります。いまの問題を解決してこそ本当の検証です。

このように、山積した課題のなかからやり残したものを明らかにすることが重要です。これを私は「課題の検証」と呼んでいます。さらに、復興は民主的な手続きが踏まれればいい結果になるはずですが、いろいろな意味で間違いがあります。その「プロセスの検証」が必要です。

2 課題から見た検証

(1) 生活の回復

私たちには3つの課題が突きつけられています。

震災で命が助かっても、その後の復旧・復興の過程で命や暮らしが奪われていきます。阪神・淡路大震災では、それが想像を絶するほど悲惨でした。そこからどう立ち上がっていくのか、どうサポートして一人ひとりの自立を回復するのかは大問題です。その生活の再建が第1の課題です。生活再建は最大の課題です。そのため大震災の前に考えていた以上に、また次の2番目3番目の課題以上に大きなウエイトを占め、それに総力をつぎ込まざるを得ませんでした。

(2) 安全の獲得

第2の課題は、同様の災害で命を奪われないよう、安全で安心な社会をつくることです。

この点で私は、東日本大震災で大きな過ちを犯したと思っています。安全は必要条件としておろそかにできませんが、同時に私たちは、生業、生きがい、コミュニティ、文化、自然などのなかで生きていきます。津波が来たら危険だから全部山の上に移るのは、日頃の暮らしを犠牲にした集団移転です。防災だけを考えていてはいけません。防災はとても重要ですが隠し味。むしろ、日々の豊かな暮らしを実現することが大事です。

阪神・淡路大震災のとき、安全は先送りされました。たとえば長田区は街が焼け野原になりました。復興は〝燃えない街〟をつくるべくスタートしました。東日本で〝絶対に津波に遭わない街〟をつくるのと同じ発想です。

本当に火災を広げないためには、延焼遮断帯として、計算上は50～100mの道路を縦横につくる必要があります。阪神・淡路大震災ではたまたま風がなくて20m道路で止まりましたが、その規模でさえ大変な区画整理が要求されます。さらに、木造より鉄筋コンクリートということになります。

最初から巨大な区画整理と鉄筋コンクリートの街を課題にすると、すぐに元の家の場所に住みたい、コミュニティを維持したいという人々の気持ちと逆行します。その両立のために、とりあえず元の生活を取り戻し、次に安全な社会をつくるという段階的な発想で、安全は後回しにされたのです。

言い換えると経済優先です。神戸で多くの家が壊れました。その原因調査も必要なほか、復興モニュメントとして残す議論もありました。けれどもそれでは新しい建物をつくれません。ですからあっという間に壊し、あっという間に建て替えて、見た目にはきれいな街が早くできました。

経済優先、生活優先のために安全を先送りしたことは事実です。次に同じような地震があれば広い範囲が間違いなく火の海です。ですから私は、安全の課題はまだ不十分だと考えています。

(3) 社会の改革

第3に、災害はその特質の1つとして、時代と社会の歪みを前倒し的に顕在化させます。たとえば2004年の中越地震は、中山間地の限界集落を襲いました。それは、過疎化に拍車をかける東京一極集中型の都市開発の是非を問いかけました。

阪神・淡路大震災では、大きく3つのことが問いかけられました。

1つは、少子高齢化社会の問題です。大人になると「親のスネをかじるな。都会に出て行けと」といわれました。実は、労働力不足の都会に若者を集めるためでした。大家族は古い封建的なシステムとされ、2世代家族がどんどん小さくなりました。阪神でも、高齢者だけが古い街に残り、若者夫婦は郊外のニュータウンに住んでいました。災害で郊外の若者家族は助かりましたが、古い街にいる高齢者は犠牲になりました。ですから、高齢化社会のコミュニティや家族のあり方が厳しく問われます。

2つ目は、自然と環境行政です。六甲山を削って海を埋め立てました。街のなかにあったせせらぎや小さな公園、緑も、どんどん壊していきました。その延長上にエネルギーのあり方の問題もあります。そこでは、自然環境を生かした社会をどうつくるのかが問われていたのです。

3つ目が、「自立分散型ネットワーク」あるいは「コンパクトシティ」と呼ばれるものです。働く場と住む場を離して、通勤時間が2時間にもおよぶような社会はつくるべきではありません。そういうことを社会の歪みとして、私たちは教えられるわけです。

(4) 課題ごとの達成度

これらの課題を復興で解決していくことが重要でした。しかし結果的に、生活再建に全力投球したために、安全や社会的課題をおろそかにしたともいえます。

課題は短期、中期、長期に分けられます。1番目の生活再建は短期、緊急課題です。2番目の安全は中期的な、少し時間をかけてしっかり実現する課題です。3番目の理想社会をつくるのはまさに50年計画です。この3つの課題の達成度に個人的主観で点数をつけました。

①生活の回復＝7割

生活改善の課題は7割達成といえます。生活を取り戻すのは、当事者一人ひとりには長く、その間に命を落とした人も多数いたことを忘れてはいけませんが、2年でライフラインが、5年で住宅が、10年でコミュニティが、それぞれおおむね戻りました。

生活復興のポイントは包括的な復興です。阪神・淡路大震災では住宅さえできればいいと生活を非常に狭く捉えましたが、本来は「医、食・職、住、育、連、治」が必要です。

「医」は医療。心と身体の健康が一番重要です。

「食・職」は食べものと仕事です。食べものはいま、阪神・淡路大震災のときよりも悪くなりました。当時はみんなで炊き出しをして、温かい豚汁を食べて励まし合い、苦しいなかでも少しの安らぎを得ました。いま炊き出しをしようとすると保健所に「中毒が起きるから禁止です」といわれます。

政府は70万食のパック食料品を被災地に送り込むと自慢しています。しかしそれによる健康への影響を考える発想はまったくありません。本当はみんなで炊き出しをして、自分の食べたいものをつくって食べるプロセスこそが重要です。

仕事もそうです。阪神・淡路大震災後の復興の1つの問題は、経済復興に対する明確な戦略がなかったことです。たとえば国は、住宅は個人財産だから予算は出さない、職業は個人の金儲けだから税金は使わないという立場でした。しかし、生きていくには仕事があって生活の糧が必要です。生活の支援は住宅だけでは絶対に足りません。

「住」は50点です。

「育」は、子どもの教育、保育、人材育成などですが、これは決定的に不足していました。たとえば小学校を避難所にするのは本当にいいのでしょうか。体育館に避難者がたくさんいたため、運動場のテントのなかで卒業式をしました。それでは子どもの教育をおろそかにしています。赤ちゃんを抱えている世帯へのサポートも欠落しています。子どもを育てることは社会の発展で一番重要なことです。教育や人材育成にこそ力を注ぐべきです。

「連」はコミュニティや歴史とのつながりです。人間はいろいろなつながりで生きているのです。

「治」はガバナンスです。自分たちの社会のことを自分たちで決めるのは、まさに民主主義の基本です。復興は、一人ひとりの思いをもち寄って、それを1つの形にしていくことです。先に都市計画事業という形があるのではありません。

1989年にサンフランシスコで、高速道路も倒壊した大きな地震がありました（ロマ・プリータ地震）。サンフランシスコの少し南にサンタクルーズという人口5万人ほどの市があります。ここの復興のプロセスは、市民が思いを語り提案して、みんなでつくっていくすばらしいものでした。

そうしたプロセスがあって初めて復興ができます。単に住宅と仕事さえあればいいのではなく、暮らし全体がきちんと支えられていくシステムをつくることが重要です。

②安全の獲得＝4割

安全の獲得という点で、燃えない街づくりと壊れない街づくりは不十分です。危険な市街地や危険な建物もたくさん残っています。

次の地震は南海トラフだけではなく、有馬高槻構造線の宝塚から先、あるいは山崎断層も動く可能性があります。ほかにも未知の断層があるかもしれません。したがって、阪神・淡路大震災と同じような地震が起きる可能性があります。

そのときに住民の命が守れるかという視点で見ると、まだできていないことがあります。建物が頑丈かどうかだけでなく、地域社会の危機管理体制がうまく機能しているのかどうかもあります。

この点で気になるのは最近、避難所が劣悪なことです。かつて避難所は1週間ということでした。1週間なら少々の雑魚寝もやむなしとして基準がつくられ、もう40年たっています。いま避難所は早くて2か月、場合によっては3か月です。1週間なら我慢できても、2か月も我慢はできません。それは人権を奪い、健康権を侵害しています。

しかもいま、さらに悪くなっています。阪神・淡路大震災のときは最終的に6か月、最後の人がいるまで開設していました。それが2019年の台風19号では、12月25日に一斉に閉鎖されました。千葉県では、行く先もないお年寄りを放り出してカギをかけてしまいました。

こうした危機管理体制も問い直さないといけません。

③社会の改革＝1割

高齢化社会も特別養護老人ホームなどの施設をつくって終わりの福祉ではなく、コミュニティ全体で取り組む必要があります。これからの超高齢社会の福祉のあり方こそ、先送りになっています。

3 プロセスから見た検証

(1) 避難所は1か月、仮設住宅は3年を限度に

阪神・淡路では復興がとても混乱し、住宅再建では最終的に仮設住宅がなくなるのに5年かかりました。その後の2004年の中越地震、2011年の東日本大震災、2016年の熊本地震、最近の西日本豪雨や台風19号を見ると、むしろ悪くなっています。いま東日本大震災から9年ですが、仮設住宅にまだ1万人ほ

ど住んでいる実態があります。

これは、復興がどうあるべきかの定式化がされていないからです。避難所は、どんなことがあっても最長1か月にすべきです。仮設住宅を1か月以内につくれば可能です。1976年の酒田の大火のとき、燃えている最中に仮設住宅の工事が始まりました。その大半は1週間で完成し、避難所は1週間で閉鎖されました。いま1週間で仮設住宅を全部建てるのは難しくても、1か月あれば、あらかじめ準備して「必ずする」という気があればできます。

仮設住宅も法律上は2年ですが、どんなことがあっても3年以上は絶対に延長してはいけません。実際に実現するには、避難所は1か月、仮設は3年という基準をしっかり決めることが大きなポイントです。

(2) 決定プロセスそのものを変える

もう1つ、不十分な復興の要因が合意形成過程にあります。計画策定に係るシステムの問題です。たとえば防災計画をつくるときに、自治体に防災会議があります。その構成メンバーは、私たちの提言で市民代表やボランティアも含むようになりましたが、9割は行政と公的機関です。女性の比率も100人中2人などの状況です。

つまり、決定過程の民主主義が確保されていないのです。システムが歪んでいるので、いいことが決まるはずがありません。そういう決定プロセスそのものを変えないと、うまくはいきません。

(3) 決めたことは実行する

さらにもう1つ、決めたことは実行することです。復興の検証で、たとえばコミュニティの自主防災組織をつくるところまではよくても、どうやって自主防災を強化するのか。行政はお金も知恵も出さないで、自主防災組織の数だけを点検しています。

つまり、ＰＤＣＡサイクル〈計画〈Plan〉→実行〈Do〉→評価〈Check〉→改善〈Act〉をくり返す〉、特にチェック後の改善ができていません。そのあり方を考え直さないといけないと思います。

また法律面でも、改善が必要な法制度ばかりですから、きちんとした法律をつくってほしいと思っています。

3 阪神・淡路大震災でのアスベスト被曝
注意喚起と実態調査が急務

兵庫県保険医協会／西宮・芦屋支部世話人　上田進久

1 把握されていない阪神・淡路大震災でのアスベスト被害

私はずっと、阪神・淡路大震災に関していくつかの疑問をもち続けていました。その1つは、アスベストによる被害者の数があまりにも少ないことです。もう1つは、アスベスト曝露についてどのようにリスク評価がされているのか、ということでした。

現在公表されているアスベストによる被害者は6人で、いずれも中皮腫です。これらは民間の団体に相談に訪れ、それがマスコミを通じて公表されたものですから、氷山の一角に過ぎません。国や自治体による震災に関連したアスベスト被害の実態調査はまったく行われていません。したがって被害の状況は把握されていないのが現状です。

2018年春、大震災当時に被災地で1か月間勤務し2014年に中皮腫で亡くなった警察官が公務災害に認定された、という新聞報道がありました（「神戸新聞」ほか2018年4月27日付）。作業員以外で中皮腫を患って亡くなっていたことを知って、私は衝撃を受けました。これを契機に、当時の資料を再検討しました。

主に環境庁が行ったアスベスト濃度測定によると、公表されたアスベスト濃度は、民間が測定した濃度の10分の1程度と非常に低い値で、現場の被害状況と合致しません。

さらに検討を進めると、青石綿や茶石綿が飛散していたにもかかわらず、環境庁が行った調査は白石綿濃度だけを測定していたことが判明しました。

青や茶石綿を含んだ混合曝露による健康リスクは白石綿単独の数倍から数十倍高いとされています。すなわち、白石綿濃度に基づいたリスクは相当過少に評価されていると考えられ、混合曝露による健康リスクを正しく評価して対策を講じる必要があります。

2 混合曝露の危険性は考えられているリスクの15倍

日本産業衛生学会が示した見解によると、青石綿や茶石綿は発がん性が高く、これらを含む混合曝露による健康リスクは白石綿単独の5倍高く評価しなければならない、とされています。

図1は、当時被災地で起きた混合曝露についてアスベスト濃度とリスク評価を表したイメージ図です。

環境庁の調査によって測定されたアスベスト濃度（白石綿濃度）が左側の小さな円で、円の大きさはその程度を表しています。中央の円は実際に起きた混合曝露ですが、白石綿、青石綿、茶石綿が均等に混じり合っていたと仮定すると、その濃度は左の白石綿濃度の3倍となります。それによる健康リスクは5倍高く評価しますので、15倍高い評価になります。

すなわち、自治体などが考えている白石綿濃度に基づくリスク評価を1とすれば、実際に起こったリスクは15倍高く評価しなければなりません。

3 白石綿だけでも平常時の40倍の濃度

図2は、環境庁が阪神間17地点で1年間調査したアスベスト濃度の経時変化を示すグラフです。縦軸は白石綿濃度です。

最初の3か月間の濃度は空気1リットルあたり2本から多いところで5本、最高値は6本を記録しています。このような地点がかなり多く認められました。この6本という最高のアスベスト濃度を示した地点は神戸市内ではなく、西宮市役所がある六湛寺でした。

3か月から6か月にかけて、アスベスト濃度は2本以下と少し穏やかにはなりました。それ以後は1本以下ではあるものの、調査した1年間ずっと飛散していたことが理解できると思います。

これを平常時のアスベスト濃度と比較するために、1993年の環境庁調査での住宅地域で1リットルあたり0・14本を参考にすると、1リットルあたり1本は平常時の約7倍です。さらに最高値の6本は、平常時の40倍近く高濃度であったことになります。

これはあくまでも白石綿濃度だけの結果であり、実際にはもっと怖い青石綿や茶石綿が混じった混合曝露

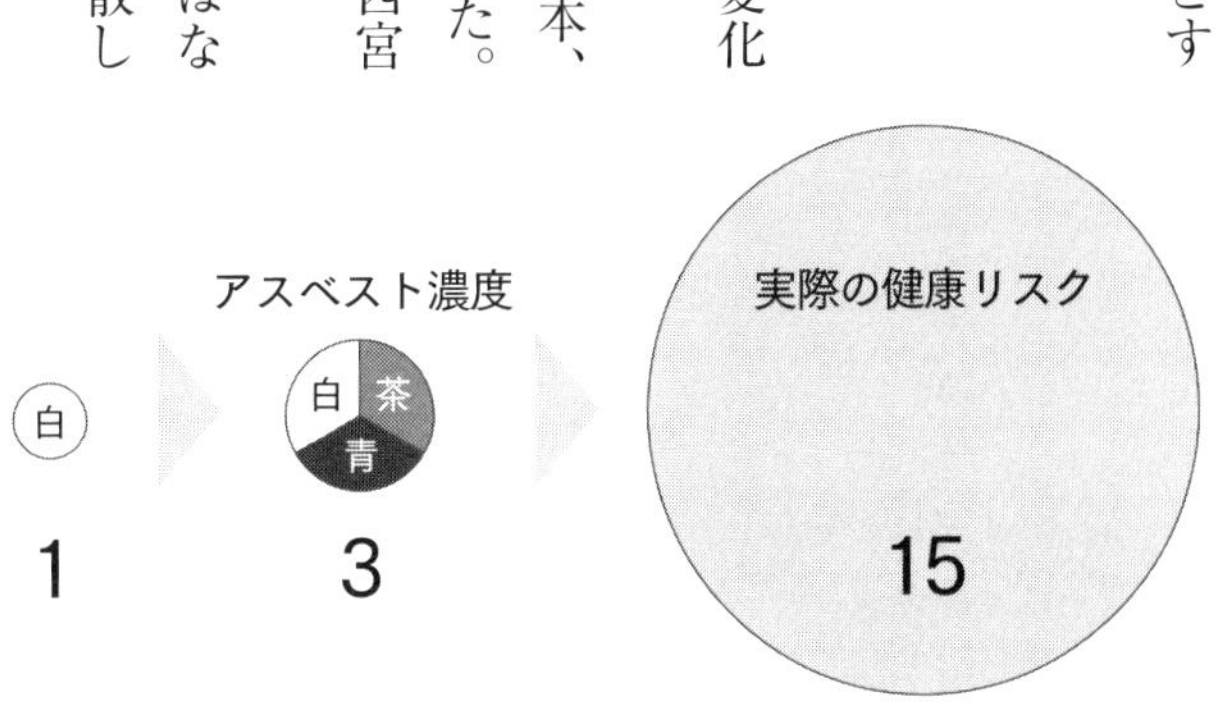

図1 アスベスト濃度とリスク評価

が起こっていたことを忘れてはなりません。

4 観察記録に見る被災地の状況

当時の観察記録から被災地の状況を見ると、まず環境庁の資料には次のように記録されています。

《青・茶石綿が高濃度に認められた現場》

・解体は上層部で行われ、がれきは地上に落とし、パワーショベルでダンプに積み込んでいた。アスベストと思われる吹き付け材が使用されていた（H7年4月）

・解体作業はほとんど終了し、がれきを砕きながらトラックへの積み込みを行っていた。囲い、シートによる覆いはなし、散水はあるものの水不足（H7年6月）

《白石綿を1リットルあたり4300本測定した現場》

・シートによる囲い込み内でアスベストの除去作業、散水はなく湿潤剤の散布のみで行っていた。剥ぎ取られ

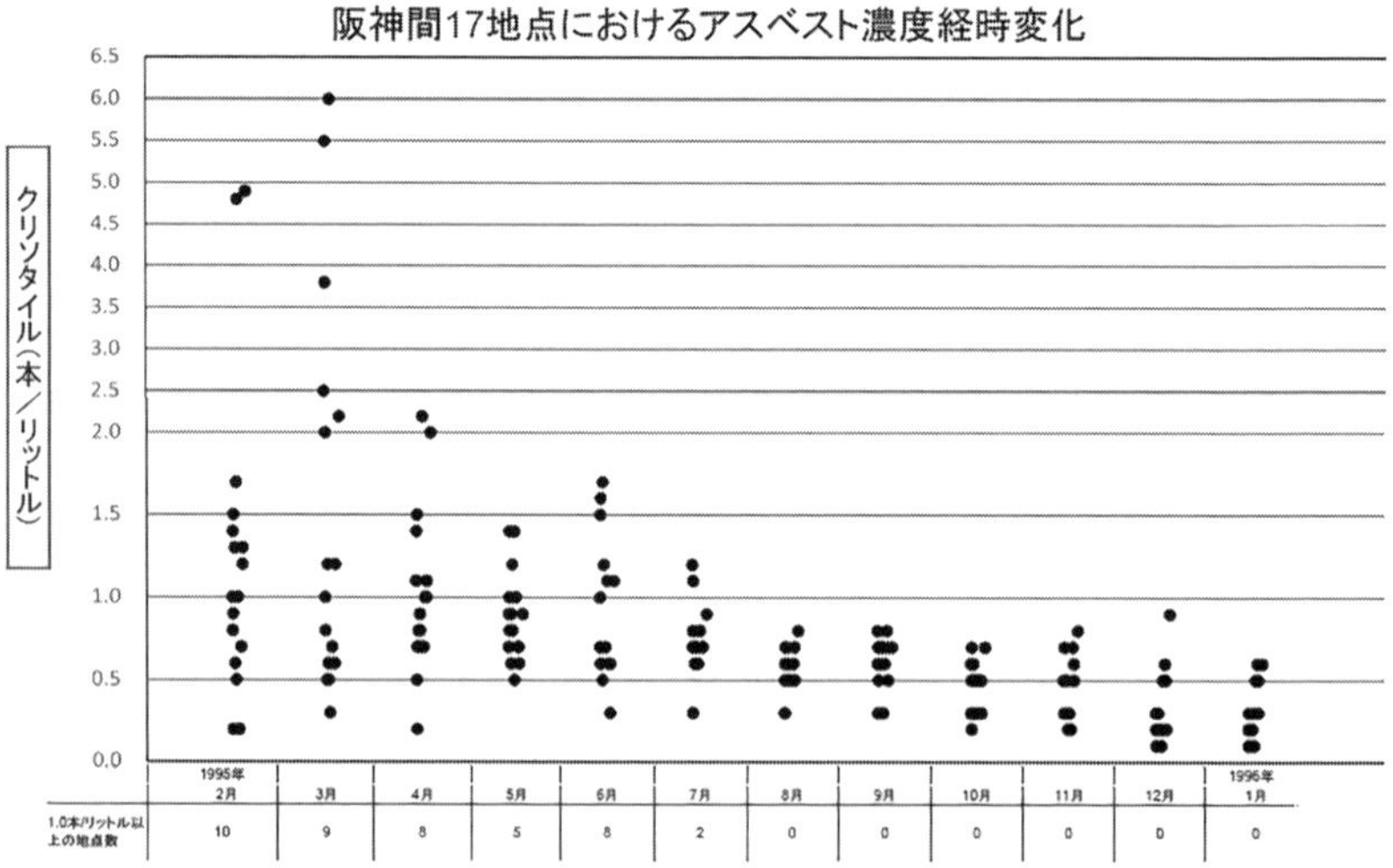

図2　阪神間17地点におけるアスベスト濃度経時変化
（本/リットルは、空気1リットルあたりのアスベスト繊維数を示す）

たアスベストが床に堆積していた。校庭では体育の授業中（H７年９月）

これらは吹き付けアスベストの非除去解体を示していますが、重機による粉砕など最悪の状態です。吹き付けアスベストは特に飛散しやすいため、現在では部屋をプラスティックカバーで密閉して内部を陰圧に保ち、作業員は防塵服にマスクを着けて湿潤したアスベストを手作業で剥ぎ取るという厳重な飛散防止策が義務付けられています。震災当時、安全な除去方法はほぼ決まっていましたが法的規制はなく、混乱した状況にあっては行政指導だけでは不適切な除去を防止するには至らなかったというわけです。

また神戸市が三度にわたって行った調査では、次のように記録されています。

・神戸市内、半壊全壊の鉄筋鉄骨ビル１２２４棟につき、吹き付けアスベスト調査。40棟（３％）が確実、１０４棟は使用可能性大で要追跡調査（H７年３月）

・追跡調査では、６月13％、11月には20％の、吹き付けアスベストが確認された。

・９月のアスベスト除去に関する調査では、20％に不適切な除去工事。

さらに市民団体が行った調査で、非常に貴重な内容が記録されています。この測定値には当然青石綿を含んでいます。

・２月18日、神戸市東灘区で歩道を塞ぐように倒壊した建物で、最も有毒な青石綿が吹き付けられてあるマンションの解体現場で水もかけずに作業していた。歩道の2か所で1リットルあたり160と250本のアスベストを測定した。作業員は防塵マスクも着けず、住民もマスクしないまま見学しアルバムや鞄が見つかると確認していた。歩行者はほこりを避けるように小走りに行き交っていた。

我が国のアスベスト規制は、1975年に吹き付けアスベストが5％以下になり、震災後に青や茶石綿の使用が禁止されました。即ち、震災で倒壊したビルの吹き付けには高濃度の青や茶石綿が使用されており、これが飛散の主な発生源となったことになります。

5 提言——受診勧告と追跡調査を

このようにアスベスト飛散が大変ひどい状態であったにもかかわらず、現在アスベスト曝露による健康リスクの評価について、公的な見解は一度も示されていません。

アスベストによる健康被害は20～40年の長い潜伏期の後に発症する肺ガンや中皮腫があります。震災から25年が経過し、今後発病者の増加が確実視されています。

作業員以外の住民、ボランティア、被災地を奔走していた公務員などハイリスクを負った人たちへの注意喚起や検診を受けるための受診勧告が必要です。

さらに、震災による二次被害としてのアスベスト健康被害の拡大を防ぐためには、実態調査としての追跡調査が何よりも重要です。そのための検診体制の構築が急務であると考えます。

4 阪神・淡路大震災借り上げ復興住宅の立ち退きをめぐって

神戸市・借り上げ復興住宅居住者
丹戸郁江

1 知らされなかった20年後の退去

私は、20年が過ぎたからと借り上げ復興住宅からの退去強要を迫られ、神戸市から訴訟*を起こされました。神戸市は、入居する際のパンフレットに「20年」「家賃補助」「借上住宅」などの言葉が記載されていたと主張しています。それなのに、キャナルタウンウエストに入居できることとなった私や被災者に、神戸市職員の誰一人も重要なことを説明していなかったのは、どうしてなのでしょうか。20年後に退去しなければならないことを、職員は説明しなくてよかったのでしょうか。

先日、神戸市側の弁護士は、入居するときに「終身継続入居できるといわれていないですよね」と私に確認してきました。それでは、神戸市は通常の市営住宅や借り上げではない復興住宅の入居者には「終身継続入居できる」と説明しているのでしょうか。私はそのような話は聞いたことがありません。

報道で、前の担当者が説明していない理由について尋ねられて「いまとなっては、どうしてなのかわからない」といっていました。何年かごとに交代している職員はそれですむかもしれません。でも私たちにとって、安心して住めるかどうかは健康や命に関わる重要なことです。神戸市が「説明しなくてはいけないことをしていなかった」「説明しなかった理由がわからない」といいながらも、私たちに退去を強制する。これが20数年前に被災自治体として被災者に寄り添っていた神戸市のいまの姿なのだと思うと、悲しくなります。

神戸市は、21年目には退去しなければならないとパンフレットに書いていなくても、神戸市の職員が説明していなくても、被災者は21年目に退去することを読み取らないといけなかったのでしょうか。そんな被災者に冷たい自治体に、私たちはいま住んでいるのでしょうか。

神戸市が、入居の期限を定めている「定期入居許可」という制度があると知りました。そこでは、神戸市はきちんと職員が期限を説明して、入居者に納得の上で入居してもらっているそうです。私たちの対応と全然違います。どうして私たちには、期限が20年と説明しなかったのですか。

入居許可書の原本には、20年という記述はどこにもありません。神戸市の職員は、私を含めた借り上げ復興住宅の入居者宅を訪問し、インターホンを鳴らし、訪問メモを投函し、電話をかけ続けてきます。そして、私が継続入居させてもらえるよう、神戸市の職員に話しに行ったときのことです。係長と名乗る職員が、実情を訴えている私たちに対して机をバンバンと叩き、威嚇しました。私はそのとき「神戸市は、本気で被災者を追い出しにかかっているんだ」と思い、恐ろしくなりました。

2 居住者に落ち度はない

私は、阪神・淡路大震災で、生活の中心となる住宅を失った被災者の1人です。たとえば、もし私が兵庫県の借り上げ復興住宅に入っていれば、継続入居できていました。また、神戸市の借り上げではない復興住宅に入っていても、継続入居できています。

しかし実際は、入居する際に21年目に出て行かなければならないと説明されないままに、神戸市の借り上げ復興住宅に入り、いま退去を迫られています。どうして、ほかの被災者とこうも差があるのでしょうか。

私はいま、健康状態が不安定です。日によって、時には1日の天気の移り変わりによっても体調が変わります。少し動いただけで休みを取らざるを得ないときもあります。それでもいまの住宅での生活を継続できるように、無理をしてでも外出して、しっかり生活できるようにトレーニングしています。それでも、がんばり過ぎると体調のバランスが崩れるのか、持病が悪化し、気が塞いでしまうのです。

このような私が、自分に落ち度がないのに、現在のようやく安定した在宅生活をあきらめ、転居し、コミュニティがないなかで生活しなければならないのでしょうか。私のこれからの老後の生活は、ほかの被災者と比べて、これほどまでに差別されなくてはならないのでしょうか。

住むところはどこでも同じと思われるかもしれませんが、私の体力や精神力では、転居は恐怖であり、困難です。

また「神戸市の言う通りに引っ越しをすればいいんだ」と批判されることもあります。すでに転居した例もあるからです。転居した人たちはさまざまな事情をかかえていたことを、私は知っています。入居の際に何も説明を受けず、慣れ親しんだいまの住宅から転居したくないけれども、神戸市から訴えられ裁判になるということで、裁判の負担や家族への遠慮から転居を選んだ人が多数でした。

神戸市はいま、私たちの税金を使って私たち被災者を追い出しています。神戸市は「親切ていねいに対応してきた」とくり返し発言していますが、私たちの訴えに、市長はおろか局長、部長さえも耳を傾けたことはありません。私たちが命を削って法廷に立っているということに、何の痛みも感じないのでしょうか。

２０１９年は災害が各地で発生し、神戸市も豪雨や台風の被害がありました。いつどこで住宅を失うような災害が起きるか、誰にもわかりません。この国で落ち度のない被災者が自治体から訴えられる、追い出されるような悪しき前例をつくるべきではありません。

＊阪神・淡路大震災　借り上げ復興住宅訴訟

行政による「20年期限」を理由とした借り上げ復興住宅入居者への強制退去通知と、応じない市民に対し神戸市が起こした裁判。西宮市は「要介護3以上」「重度障害者」、神戸市は上記と「85歳以上」という基準に固執し、入居者に退去を迫っている。入居者個人の希望・状況を踏まえないままの強制退去をめぐっては、①自ら営々とつくり上げてきた生活と健康を守る場である住居での居住権の侵害という、人権上の問題、②高齢者・有病者をコミュニティから切り離す意に沿わぬ転居強制という、倫理的問題、③要通院・身体虚弱該当者への転居による重大な健康被害の可能性がある、健康上の問題、④無条件で継続入居を認めている宝塚市や伊丹市、入居者の事情を考慮し柔軟に判断している兵庫県との、格差の問題――などが、医師や弁護士など専門家からも指摘されている。

心のケア——被災地での二胡演奏活動で感じたこと

二胡奏者　劉　揚

　来日して約30年、二度も大地震を経験しました。幸い私は直接的には被災しませんでしたが、テレビ中継や被災地訪問で目の当りにした光景から、大地震の恐怖と凄まじさを感じました。

　阪神・淡路大震災直後は、留学生演奏グループ「長城楽団」のメンバーと避難所や仮設住宅、医療施設などを幾度も訪問し、演奏活動を行いました。また東日本大震災後は、兵庫県保険医協会の人たちと南三陸など東北の被災地を訪問し、二胡を演奏しました。個人的にも、全町避難を余儀なくされた浪江町の仮設住宅（福島市）を訪問し、その集会場で演奏してきました。

　どの被災地での演奏活動も歓迎されました。阪神・淡路大震災で特に記憶に残っているのは、甚大な被害を受けた東灘区の避難所での演奏です。あいにくの大雨のなか、ビニールシートを張った簡易テントのなかでの演奏でした。約1時間、被災者のみなさんは傘をさしたままでした。本当に感動しました。

　東日本大震災では、訪問当日の朝決めた演奏会にもかかわらず、浪江町の仮設住宅の集会場に大勢集まって、とても喜んでくださいました。演奏後、ある被災者は「いまは支援物資と毎月出る補助金で、一時的ながら食事や住まいはそれほど困らない。だけど、毎日何もできないいらだちとさびしさは一番の問題だ」といい、音楽が何よりの「支援物資」で「生で二胡の演奏が聞けるのは最高の幸せだ」と話していました。

　保険医協会の医療チームと訪問した南三陸などの被災地では、家が津波で流された人たちがテニスコートでの仮設住宅生活でした。演奏で「今回同行のお医者さんが出せない薬を私はちゃんと出しますよ」と語りかけると、みなさん大喜びでした。

　災害時、やはり被災者一人ひとりの心のケアがいかに大事かと改めて感じさせられました。そしてもう一つ非常に大事なことは、被災地訪問の際、被災した人たちに対して同じ姿勢、同じ気持ち、同じ目線で接することだと思います。

II

東日本大震災

――青森、岩手、宮城

1 無医村に診療所をつくりました

「ほっと一息プロジェクト」があと押し

青森市・大竹整形外科／佐井村・さいクリニック院長　大竹　進

1 新しい大きな宿題

「陸前高田から高校も病院もなくなるかもしれない」

東日本大震災に被災して2か月後、体育館に避難している人を青森の温泉に招く支援「ほっと一息プロジェクト」で訪れた避難所リーダーがつぶやきました。私たちはその言葉にショックを受け、陸前高田の医療を3・11以前よりさらに発展させようと支援が始まりました。

青森県保険医協会は、2012年に「花巻フォーラム」を開催して「地域医療再生の処方せんをともに考え、明日のまちづくりに活かそう」と知恵を絞りました。全国から医師が集まり被災地の医療を支え、2018年には新しい県立高田病院が完成しました。院長だった石木幹人医師は、国保二又診療所に移り地域医療を支えています。

2019年末、5年ぶりに被災地・陸前高田を訪問しました。山を削っての市街地のかさ上げ作業は終了し、巨大なベルトコンベアーも撤去されていました。災害公営住宅が完成し、BRT（バス高速輸送システム）が発着するJR高田駅、道の駅高田松原と津波伝承館、広大な公園も整備が進んでいました。宅地は区画整理が終わりましたが空き地が目立ち、公営住宅から戻ってくる人がいないといいます。

商店街に昔の活気が戻り、市民が笑顔になるためには何が必要か、新しい大きな宿題を持ち帰りました。

2 陸前高田の知恵を活かす

一方、下北半島の佐井村は、2008年に村の診療所が大間病院に統合されて無医村となりました。青森県保険医協会はその頃、県内の自治体を回って医療・介護などについて懇談する「自治体キャラバン」を行っていました。村長から「高齢者は整形外科にかかれなくて困っている。医師を連れてきてほしい」と要望されていました。

2013年に陸前高田の経験を活かして「健康教室」を、2015年には「無医村解消シンポ in 佐井村」をそれぞれ開催しました。パネリストの石木先生からは、陸前高田の取り組みの紹介とともに「無医村解消のためには、土の人は風の人も温かく迎えてほしい」との訴えがありました。

診療所をつくるべく村と協議し、2018年に「土地は佐井村が無償で提供する」協定を結んで、大竹整形外科（青森市）の分院として「さいクリニック」を開設しました。青森市から佐井村までは車で片道3時間半かかりますが、月に一度、私がスタッフといっしょに1泊2日で往復しています。

3 にぎやかな待合室

2019年4月から「さいクリニック」での診療が始まりました。村には薬局もコンビニもなく、村民は通信販売で薬や健康グッズを買って「がまん」してきました。津軽海峡をわたって函館市、札幌市まで受診に出かける人もいました。

「さいクリニック」は、むつ市や青森市の病院と連携し、検査、手術、リハビリを依頼しています。

骨粗鬆症による腰椎圧迫骨折で歩くのが困難だった女性は、手術によって歩行が可能になり、いまでは笑顔で通院しています。膝が痛くて通院している人も多くいます。ただ、農作業で膝に水がたまっている人が多い青森市と比べると、佐井村では水腫は少ないのです。野菜づくりをする人が少ないからと思われますが、それは「サルが野菜を取ってしまう」ためだといいます。

四季を通じた村民の生活をまだ十分理解できていませんが、「風の人」から「土の人」になれるよう、佐井村での医療を継続していきたいと思います。

住民は顔見知りで狭い待合室には笑い声があふれています。会計が終わってもおしゃべりが続き、「来てよかった」と涙を流して帰る患者の姿も見られます。佐井村は建物がレトロなだけでなく、隣近所の人が介助して受診するなど人間関係にも昔のよさが残っています。

飲み薬、外用剤の処方でも、「残っているので今回はいらない」という人が少なくありません。ものを大切にして節約する文化も佐井村では健在なようです。さらに驚いたのは、一人暮らしの高齢者が「孤立」していないことです。「茶飲み友達」がいて、いつもおしゃべりをしているといいます。

4 小さい村の挑戦

村の人口は2000人を切りましたが、すべての世帯に光回線が引かれ端末が設置されています。「辺境の村」でも光回線を使えば、新しい未来をつくる可能性があります。村議会が夜開かれている小さな村では、住民が主役の「社会実験も可能」です。

一人暮らし世帯に血圧計と体重計を配り、毎日のデータを光回線で保健師に送れば、健康管理も安否確認も可能です。高齢者は免許返上、民間バス路線も廃止、タクシー会社もコンビニもない村で「ライドシェアシステム（交通手段の相乗りシステム）」を構築すれば、買い物や通院も容易になります。

「さいクリニック」の電子カルテサーバーには、どこからでもアクセスできます。将来的には、佐井村の医療をシェアする全国の医師が電子カルテを開き、テレビ電話で診療することも可能です。さらに、全国の薬剤師による遠隔服薬指導も夢ではありません。

小さな村の社会実験は、今後深刻化する首都圏の高齢化にも大きなヒントになるはずです。

5 新自由主義にさようなら

陸前高田と佐井村に出されている宿題には、共通問題が含まれています。地域で経済が回り、笑顔で暮らすために必要なものは何か、100年、200年後の世代に何を残すか、が問われています。

新自由主義は終わりが近づいています。グローバリズムは一部の人に使い切れない富を蓄積させました。米国のジョージ・ソロスは「国は、私たちの富に、さらに課税する道徳的、倫理的、経済的責任がある」と提案しています。国は、恐れずに大富豪に課税すべきです。

佐井村の「青森ヒバ」は「杉」に変わりつつあります。杉は50年で伐採できますが、青森ヒバは伐採まで200年かかります。森はきれいな海の恋人です。200年後の「青森ヒバ」に投資する人はいるでしょうか？　200年後の「森と海そして社会保障」に投資できるのは国しかありません。

経済学者の故宇沢弘文氏は、新自由主義の対極で「社会的共通資本*」を訴えました。佐井村に診療所を開設し、老いても明るく暮らす高齢者と接しながら、青森市で宇沢氏と出会ったことを思い出しています。陸前高田と佐井村で挑戦が始まります。

*社会的共通資本＝「一つの国ないし特定の地域に住むすべての人々が、ゆたかな経済生活を営み、すぐれた文化を展開し、人間的に魅力ある社会を持続的、安定的に維持することを可能にするような社会的装置」（宇沢弘文『社会的共通資本』岩波新書、2000年）

2

大震災・津波から9年経過した大槌町・釜石市の医療の現状

釜石医師会副会長・植田医院院長
植田俊郎

1 水没した町から

2011年3月11日、自宅兼医院の4階屋上で見たのは信じがたい光景でした。町は黒く渦巻く海に水没していました。私たちは津波が到達しなかった4階の和室で一夜を過ごし、翌日自衛隊のヘリコプターに救出されると、寺野地区で避難所となっていた弓道場に収容されました。

町内の医療機関がすべて被災全壊した状況から、この弓道場内に救護所を開設。当初は血圧計、聴診器とわずかな薬剤での対応でしたが、3月15日に釜石保健所などから薬剤が届き、18日からは長崎大学の医療支援チーム、30日からはAMDA（岡山NPO法人The Association of Medical Doctors of Asia）、さらに大阪JMATに引き継がれ、5月31日に閉鎖されました。

私は6月1日より岩手県立大槌病院の臨時職員となり、7月1日には弓道場近くに小さなプレハブの仮設診療所を設置して保険診療を再開しました。さらに12月には岩手県の「仮設診療所事業」の補助金を利用し、隣接地に診察室、処置室、点滴室やX線検査、内視鏡検査が可能な仮設医院を建築しました。その後

２０１５年２月、同じく隣接地に自宅兼本設医院が完成し現在に至っています。

2 医療情報の保護・活用・共有

大津波でカルテほか医療記録は流失し、薬を求めて避難所に来た患者の病名、経過、処方内容の把握は困難でした。このため、震災以前から釜石医師会が取り組んできた医療情報ネットワークの構築を、震災後も継続しました。

現在、かまいし・おおつち医療情報ネットワーク「ＯＫはまゆりネット」が運営されています。これは岩手県立釜石病院を核としたネットワークで、各患者にキーコードを発行することにより医科医院、歯科医院、調剤薬局、介護福祉施設、行政から患者情報へのアクセスが可能となります。紹介患者の検査結果、画像診断、処方なども閲覧できるほか、診療予約もネット上で可能です。また、利用され始めた多職種連携ツールである情報共有シートのネット上での活用も考えています。

黒く渦巻く津波

3 医療拠点の確保

大槌町には大槌病院のほか６医院（開業直前が１施設）、６歯科医院、５調剤薬局がありましたが、すべて全壊しました。２０１６年５月９日に大槌病院が再開し、町内および近隣の主に亜急性期、慢性期の入院が可能になりました。また5医院、3歯科医院、5調剤薬局が再開あるいは新設されています。これらの施設は内陸部や土盛りされた地域に存在し、津波に対する安全性は高いと考えられます。

4 交通網の確保

震災による三陸沿岸の鉄路、道路の被害は甚大でした。ただ、震災6日前に開通した三陸沿岸道路の一部は有効に機能していました。同道路は2019年6月22日、大槌ICから釜石北ICが開通し、宮古市以南の全線がつながりました。患者搬送時間の短縮や今後の震災時救助活動に大いに有用です。また同年3月23日、三陸鉄道リアス線163㎞が再開しました。しかし半年後の10月12日、台風19号により再び寸断されてしまいました。自然災害に対する強靭な交通網の整備を切望しています。

5 連携

震災以前より、県立釜石病院を基幹病院とする医療連携は良好と自負していましたが、それは震災後にさらに深化していると考えています。

前述の「OKはまゆりネット」が介在した各医療機関の連携への理解度が向上しています。また釜石市行政の「在宅医療連携拠点チームかまいし」の活動は特筆されます。主な活動は連携資源の把握、地域住民への普及啓発、研修、広報などで、社会資源を活用した社会処方を可能とするというものです。

そして、さらなる連携を進めるため、釜石・大槌地域医療介護福祉多職種連携の会「ＯＫスクラムねっと」の構築推進事業を展開しています。

おわりに

大槌町は人口減、少子高齢化、医療の過疎化などの諸問題に加え、津波後の後遺症が続いています。仮設住宅は令和の年になってやっと解消されました。そのほか多くの問題が山積し、解決には今後も長い時間が必要です。

この9年間を振り返ってみて私自身は復興という言葉になじめません。街並みは大きく変化し、空き地が散在し、新たなコミュニティの形成が簡単にはできないという実感があります。これからの町づくり、そして地域医療を守るには、豊かな創造力が必要です。

2020年１月の大槌の街並み

文献

1）芦﨑治『いのちの砦―「釜石方式」に訊け　釜石医師会　医療継続に捧げた医師たちの93日間―』朝日新聞出版、２０１５年

2）『岩手県大槌町東日本大震災記録誌　生きる証』大槌町、２０１９年

3）植田俊郎「東日本大震災における岩手県大槌町の医療状況―震災急性期の救護所活動について―」日臨内科医会誌、30(1)、２０１５年、69-73

3 ソフト面の復興
大船渡復興住宅の現状と課題

大船渡復興住宅居住者
平山睦子

夕暮れに復興商店街を通り抜けようとしたとき、広々とした花壇の花々にハサミを入れる女性が眼に入りました。先を急ぐ足を止め話しかけました。

「この花壇は当番や交代で管理しているんですか？」

「いいえ、手が空いた時に適当にゆるゆる〜っとしてますよ」

驚きました。こんな広い花壇を「ゆるゆる〜」!?

「だいたい適当なテリトリーがあって、いわなくても自然に草取りとかしているんですよ」

草取りをしていた商店街の女性に、自分のいまの心底を覗かれた気がして、夕食準備があるにもかかわらず話し込んでしまいました。

岩手県の復興住宅には市営と県営があります。「市営○○アパート」など、最初から「復興」の文字は入っていませんが、復興住宅と呼ばれています。

私は２０１５年７月に三階建ての復興住宅に入居し、丸４年たちました。２０１８年11月からは被災していない世帯も入居可能になりました。２０１９年４月に集会室利用規約も決まり、予約制や利用料金などもできて、自治会役員で管理しています。私も集会室管理人になり、毎月末には役員会が開催されます。

私たちのアパートは29世帯で満室になっています。約半数は単身者、そのうち70歳以上が11世帯と高齢化に向かっています。

規約が決まることによって、自主的にうまくいっていたコミュニティが台無しになることもあるのではないでしょうか。「人を幸せにする規約は必要だけど、不幸せにする規約なら不要」と思えるときもあります。たとえば、アパート周りの草取りです。だんだん歳をとって大変になるのでシルバー人材センターに頼んではどうか、草が生えないように花壇はコンクリートにしてもらったらどうか……。役員会の話を聞いてなんだか虚しくなります。みんなに平等にしなくちゃいけない……。

いやいや、昨年まではそうではありませんでした。毎日お茶の時間があり、誰彼となく「そろそろ草取りしようか?」と声が出て、草取りが無理な人はお茶やおやつの準備をして、終わり次第にぎやかに談笑していました。規約が決まったら、集会室が開く時間も短くなり、自然発生していた草取りの声かけも消えました。寂しい限りです。

行政ではコミュニティの構築をと叫んでいるものの、逆行し切断しているのではとさえ思えます。せっかく津波から生き残っても、住民に寄り添う心を置き去りにしているのではないでしょうか?

復興商店街の女性に、ゆるゆる～っと自主的にうまくいっていたコミュニティを掘り起こしてもらい、足軽に帰宅できました。ハード面の復興とソフト面の復興は、進捗度も違い、眼に見えないからこそ大事なのだ、と復興商店街の花々に諭されました。

4 高齢になっても認知症になっても大丈夫な陸前高田市へ

陸前高田市国民健康保険二又診療所所長　石木幹人

津波の通り過ぎた後の岩手県立高田病院屋上から見た陸前高田市は、見える限りで木造の建物がまったくなくなり、高田松原が消えて海がまっすぐに見えました。陸前高田市の主要部分が消え、医療も壊滅したのが明らかでした。

医療の再建が陸前高田市の復旧に非常に重要だと考えました。大震災翌日の3月12日の夕方までに高田病院から全避難者が救出され、高田病院は避難所となった米崎コミュニティーセンターで診療を開始しました。

1　被災後の救護所立ち上げまで

3月12日昼頃、日本赤十字社の被災地支援医療チームが高田第一中学校の避難所に入り、救護所を立ち上げました。14日には陸前高田市の職員に依頼して被災した全地域の主な避難所を回り、被災状況と必要な医療の内容を確認しました。そして被災地域に計6か所の救護所が必要と考え、使用可能な建物の選定を市に依頼しました。

同日、岩手県立中央病院の医療チームによって診療材料や救急に必要な機材がもたらされました。17日頃から全国的な被災地支援医療チームが続々と到着。そのチームを6か所の救護所に振り分け、20日までに全救護所で高田病院のスタッフが関わらなくても動く体制が取れました。

そこで、被災以来、休めずにいたスタッフが2週間の休暇を取りました。しかし、一般診療の確保に必要な薬剤科、検査科は引き続き業務を続けました。

2 高田病院の自立

休暇を取っていた病院スタッフが4月4日から再出勤しました。それまでに調剤薬局が立ち上がり、検査も被災前とほぼ同じ内容が可能になっていました。４日は、職員全員によるグループワークを行い、今後の高田病院のあるべき方向について話し合い、次の４点を大きな目標にすることを共有しました。

①訪問診療の強化

②入院機能をもつ仮設病院の早期建設

③被災者の健康管理への参加「保健師機能（全戸ローラー作戦）への参加」

④職員を含めた心のケアの確立

被災前の訪問診療は月20人程度でしたが、交通手段のない患者が多く、4月は月１００人程度の訪問診療がありました。交通手段の改善に伴い、8月頃には50人程度に減少しました。

仮設病院の建設は土地の確保から始まり、外来棟が7月下旬に診療開始、入院病棟は２０１２年2月１日に41床で運用を開始しました。入院機能を確保したことで、訪問診療も30人台まで減りました。

3 保健師活動への参加

通信手段の喪失と、自身も被災した保健師が多く、住民の被害状況の確認は困難を極めました。また、公的交通手段の崩壊、自家用車の喪失、高齢者の移動をもっぱら引き受けていた若い人たちの被災による死亡、ガソリン不足などによる移動手段の喪失など、被災しなかった地域での問題も多くありました。市では全戸訪問による被害状況の把握を決めましたが、それを担う人材が不足していました。

高田病院では、病棟がなくなったところに支援が全国からあり、人的な余裕ができて看護師の一部を全戸訪問の保健師活動にあてることができました。それでも1か月の予定が2か月近くかかりました。

4 被災者への健康維持のための取り組み

救援に入った医療チームは、阪神・淡路大震災を経験したチームが多く、うつ病やエコノミー症候群に対する対策を講じる必要性が強調されました。

そのため5月以降、救護所や仮設住宅の集会所に出向き、健康維持に必要なことを話して回りました。また高田病院のリハビリスタッフと救援活動ができたリハビリセラピストが、ストレッチや運動などをすすめて回りました。秋からは被災を免れた地域にも出向きました。

支援に来た医師の発案で２０１２年春から、仮設住宅で希望により近くの空き地を畑にするプロジェクト（はまらっせん農園）が始まり、50か所の仮設住宅で12か所に農園が誕生しました。これは、畑に参加した人たちの健康維持と生きがい創生に大いに役立ちました。

5 環境の激変による高齢者の認知機能低下に対する対応

被災後、住環境や家族構成の激変に伴い、認知機能が低下して認知症を発症する高齢者が増えました。そうした家族を抱える介護者たちは、自分の生活の立て直しのほかに大きな問題を抱えることになりました。

２０１３年に、陸前高田市に支援に入った臨床心理士とともに認知症やうつ傾向の患者の診療を行い、家族の相談にも乗って、効果が上がりました。また、住民に対する認知症患者への対応や、そうした近隣の人たちを地域で支えることの重要性について伝えてきました。

6 気仙在宅療養を支える会

被災前に予定した気仙在宅療養を支える会は、各職種の要望が強く、予定より2年遅れて２０１３年3月に愛称「チームけせんの和」として発足し、活動を開始しています。機関紙の発行、講演会や講習会の開催、ケースカンファレンスなどを行っています。参加している職種は医師、歯科医師、薬剤師、看護師、ケアマネジャー、介護職、建設会社職員などと多岐にわたり、顔の見える関係が構築されて、各職種との連携についての問題点を解決できるようになってきています。

また、住民の健康意識を高めるために「劇団ババババ☆」を結成し、減塩や転倒予防などの演目をつくって活動しています。地域の健康に関する研修会や、サロンで地域の住民も役者に巻き込みながら公演し、健康長寿をめざすために必要な知識がしっかりと身につく活動になっています。

7 超高齢社会に対する対策の普及活動

現在、私は陸前高田市国民健康保険二又診療所の所長として診療業務にあたるとともに、超高齢社会への対応について伝える講演会を行っています。また、診療所に隣接する所長公舎は使われていないので高齢者のコミュニケーションの場として利用し、住民主導のサロンを月2回行っています。

多くの取り組みにより、このようなサロンが地域に多数できてきました。高齢になっても臆することなく自分のもの忘れのことを話せて、取り巻く住民がそれを理解し、サポートができるサロンをめざしています。今後もサロンが増えて、認知症になっても大丈夫な陸前高田市になることを期待しています。

5　多職種連携に端を発した「食べる」取り組み
気仙沼で診療して

宮城県気仙沼市・本吉病院元院長　川島　実

徳洲会グループから医療援助隊（ＴＭＡＴ）として気仙沼市立本吉病院に派遣されてから、９年が経ちました。当時小学生だった子どもたちが社会人となり、お年寄りの顔ぶれもずいぶん入れ替わりました。

私は発災後３年間、住み込みで現地の医療に携わりましたが、体力の限界を感じて引退しました。現在は非常勤医として月に２～３日、気仙沼に滞在しています。

1　「先生は立派な被災者」といわれて

「いまも東北に通っている」というと「復興はどうなっているの？」とよく聞かれます。引退したばかりの頃は「道路や橋はつくり直したが、町は更地になっていて、仮設と呼ばれるプレハブ住まいの人たちが何万人もいる。モノはつくり直しても、流された人や思い出は帰って来ない」と答えていました。ネガティブな言い方になるのは、自分が燃え尽き気味に現場を離れたことと、実際に生活の再建が進んでいないこと、それから現地で自殺が見え始めていたからです。

阪神・淡路大震災で、発災3年目から仮設住宅などで自殺や孤独死が増えたことは知られていて、ボランティア仲間も警鐘を鳴らしていました。

その3年目、私の職場は地元の人たちや日本中から集まるボランティアのみなさんに支えられてとても恵まれた環境でしたが、私自身は父の介護と子どもの進学が重なり、身動きが取れない状態でした。そんななか、身近な人たちが亡くなり始めたのです。

いっしょに仕事をしていたケアマネジャーや飲み仲間の奥さん、近くの店の従業員など、同世代が次々と自殺していきました。自宅も家族も、小さな子どももある父親、母親です。1人が「俺って、もういなくても大丈夫よね」と周囲に話していたと聞きました。早過ぎる別れですが、年単位で続く非日常を生き疲れた、もしくは密度の高い一生を生き切った、といえるのかもしれません。合掌。

こんな頃に厄年を迎え、続けて交通事故に巻き込まれた私は、職場近くのお寺にお払いに行きました。そこで住職に、「自分は住み込みで被災地の人たちに共感しようとしているが、津波で家を失くしたわけでもなければ、家族を失くしたわけでもない、よそ者だ」

すると住職に慰められました。

「一番苦しい時に我々に寄り添っていた先生は、立派な被災者だ」

後日、町の人に「あの和尚さんは、人の言ってほしいことを言う人だ」と聞きました。なんだか自分の心の弱いところを晒すようですが、私の存在が許された感じがしたのです。日本語で説明しづらいのですが、緩和医療でいう「spiritual pain」に近い感じかと思っています。「mental pain」とどこが違うのかと言われると難しいのですが……。

2 興味深い気仙沼・南三陸「食べる」取り組み研究会

気仙沼地域の医療介護で興味深いのが、気仙沼・南三陸「食べる」取り組み研究会です。ここでは、地域の20近い病院や歯科医院、介護老人保健施設、特別養護老人ホームなどの施設が月に一度集まって、持ち回りで日々の実践を報告し、外部から講師を招き、研鑽を積んでいます。私も年に何度か、タイミングが合えば参加しています。いつも新鮮で、臨床への思いを新たにする機会になっています。

この研究会は、発災直後に日本中から集まった医療系のボランティアと地域の各職種による多職種連携に端を発しています。震災後、肺炎のアウトブレイクがありました。当時、気仙沼市立病院呼吸器科にいた大東久佳医師は、発災後3か月は以前と比較して肺炎による入院は2倍に、死亡は3倍にそれぞれ増加したと発表しています。

この肺炎アウトブレイクの原因が、未知のウイルスでもなく、被災地に舞う多量の粉塵でもなく、お年寄りの口腔ケア、食事介助の不足であると気づいて、私たちは連携して取り組んだのです。当初、施設スタッフから「寝たきりで胃ろう栄養だった新規入所者に口から食べてもらったら、胃ろうが不要となり歩いて自宅に帰った」というプレゼンを聞き、目から鱗が落ちました。その後、自分の病院でも同様の事例を短期間に数件経験しました。

3 地元を愛する人たち

気仙沼市では、震災前7万人いた人口が1万人以上減少しました。時代の流れによる自然減と、転居による人口の流出があります。高齢化率も38％と高く（全国平均28％）、人口減少には拍車がかかるでしょう。三陸自動車道が整備されて仙台や東京へのアクセスがよくなり、ストロー効果（人口や資本が大都市に吸い寄せられる現象）も起きるはずです。復興五輪が、どのように復興なのかわかりません。

それでも、気仙沼にはすばらしい海と、地元を愛する人々がいます。津波はあまりにも多くのものを流してしまいましたが、その巨大なエネルギーは、私を含め膨大なモノをひきつけ続けています。見かけの人口は減っていますが、新しく産まれる命があります。気仙沼で生まれ育ち、世界へ旅立つ若者がいます。人生終盤の大津波を冥土への土産話に、故郷で一生を終える人たちがいます。

朝早く太平洋から太陽が昇り、昼からヤマセ（北日本の太平洋側で春から夏にかけて吹く冷たい偏東風）が入ると田んぼに湯気が立ち、夜は満天の星空に天の川が流れる。こんな気仙沼が大好きです。

6 気仙沼市での高齢者の現状と「栄養パトロール」活動

山梨市立牧丘病院医師　古屋　聡

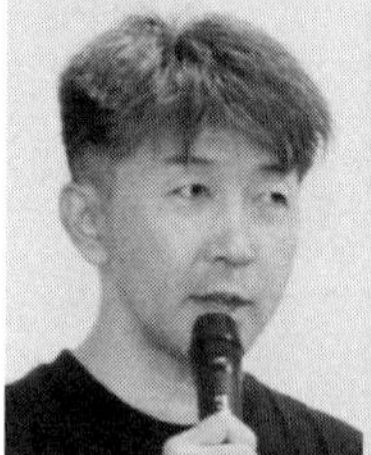

私は山梨県の地方病院の医師で、以下のように気仙沼に関わってきました。

①２０１１年３月16～20日：自治医大同窓会震災支援チーム。岩手県釜石市・宮城県南三陸町・登米市の中小病院・医療救護本部サポート、初期の気仙沼市避難所にも医療支援。

②２０１１年４～８月：気仙沼巡回療養支援隊。気仙沼市内の在宅被災者を訪問でサポートする医療支援チームに参加。

③２０１１年３月末～現在：口腔ケア・摂食嚥下・コミュニケーション支援活動。現在も「気仙沼・南三陸『食べる』取り組み研究会」を主宰。

④２０１１年10月～現在：気仙沼市立本吉病院非常勤医師。当初月４コマ～現在月１コマの外来診療と、当初から数年にわたる訪問診療。

⑤２０１２年４月～：気仙沼市の仮設住宅への訪問・健康相談。

⑥２０１５年２月～：気仙沼市の復興住宅への訪問・健康相談。

⑦２０１８年６月～：気仙沼市の復興住宅への栄養パトロール。

1 高齢者の「孤立」と「フレイル・サルコペニア化」

ほかの被災地域と同様に気仙沼市では、かさ上げと住宅建設を経て多くの人たちが復興住宅に移り、巨大な防潮堤も建設されて、見た目には街がきれいになっています。しかし震災後の人口流出は激しく、人口が減少しています。

気仙沼市の人口は、7万3489人（2010年10月国勢調査、高齢化率30・8％）から6万4352人（2018年3月宮城県高齢者人口調査、高齢化率36・7％）になっています。住民基本台帳に基づく出生数も450人（2010年）から296人（2018年）となり、若年人口も著しく減少しています。また、被災地建設ラッシュが過ぎたいま、県外から来た建設作業員の数も減り、活気がなくなってきているように見えます。

さらに、いま高齢者に起きているのは「孤立」と「フレイル・サルコペニア化」です。これは、避難した人たちが避難所→仮設住宅→再建した個人宅・復興住宅と、住むところが変わっていくたびにコミュニティの再構成を余儀なくされたことと関係しています。

本谷らは、避難した人たちに高齢者が多く、家族や住まいと仕事を同時に失った人も多いため、公的支援を受けて津波からは安全なものの馴染みのない避難所に移り、次に避難所での縁とは関係のない買い物が不便な山間部の仮設住宅に移り、さらに仮設住宅での縁とは関係のない災害公営住宅へとリロケーションをくり返した人も多い、と指摘しています[(1)]。

私たちの実感も、復興住宅では高齢化が顕著で、人々が年々孤立していっているように思えます。仮設住宅はスペースも手狭で、行政の施策もあり、ある程度必然的に自治会のようなコミュニティ機能を果たさざるを得なかった部分がありますが、マンション型や戸建て型の復興住宅は個人・家族の終の住処であり、自治会組織の形成を行政主導で強力に推し進めることは難しい、と聞いています。

２０１８年度宮城県災害公営住宅居住者の健康調査報告書[(2)]によると、気仙沼市の65歳以上の独居世帯は１８９０世帯です。全世帯に占める割合は32・５％で県平均の12・５％に比べて著しく高く、かつその割合は年々増加しています。

全入居者の健康状態の回答を見ると、「現在病気がある」人が63・６％で年々増加しています。80歳以上で「食欲がない」人は男性９・７％、女性５・７％、同じく「体重が減少した」人は男性25％、女性21・３％と、いずれも低栄養のリスクを示しています。さらに「体を動かす機会」が「とても少なくなった」と「少なくなった」人は合わせて36・１％、「相談相手がいない」人も19・２％です。

このように復興住宅の高齢化が年々進んでいっている状況は、コミュニティや自治会組織などが成り立ちにくいソーシャルキャピタルの課題でもある「孤立」と「フレイル・サルコペニア化」であり、まさに日本全体にさきがけた「超高齢化危惧」の状態です。

2 気仙沼での「栄養パトロール」

宮城県岩沼市の65歳以上のすべての高齢者を対象にした調査を、たまたま同じ人口集団に震災前の２０１０

年と震災後の2013年に実施し、多くの健康指標のデータを解析していくつもの論文が発表された日本老年学的評価研究（Japan Gerontological Evaluation Study: JAGES）の岩沼プロジェクトという、非常に有名な研究があります[(3)]。これらの論文は、「地域のつながりの維持（又は常時から、つながりを持っていること）」が高齢者の健康の維持につながっている可能性を示し、「人とのつながり」の大切さが改めてクローズアップされました。そしてこの研究以後、日本に「ソーシャルキャピタル」という用語がかなり広まりました。

私は2016年頃、深刻な危惧をかかえていました。まさに「ソーシャルキャピタル」の希薄さのために発見が遅れた「孤独死」の問題でした。たとえば復興住宅の住民への「健康調査」などは、実施主体にかかわらず、日頃から決まった人しか提出しないかもしれません。提出がなければ健康問題の早期発見は困難です。イベントや健康相談は参加意思がある人しか来ません。健康問題を自覚しないときに医療者が訪問しても、話をしてくれる人は限られています。そして問題が明らかになるのが救急搬送されるときで、結果的に決して少なくない数が「孤独死」になってしまいます。

事実2019年9月9日付「毎日新聞」は、「岩手、宮城、福島の3県の災害公営住宅（復興住宅）で、誰にもみとられず亡くなる『孤独死』が少なくとも208人」と報道しています。つまり「孤立する方は、どこまでも孤立するし、健康問題を抱えた人の生活を援助できるような関わりが困難で、しばしば非常に重篤な健康問題（時として生命に関わる）として発露する」という問題です。

私がその頃に出会ったのが、愛知県の管理栄養士・奥村圭子さん（認定栄養ケア・ステーション杉浦医院／地域ケアステーションはらぺこスパイス）が同県や三重県で展開していた「栄養パトロール」です。「栄養パトロール」は、管理栄養士を中心に保健師や歯科衛生士、医師などがグループをつくり、主として「食生活と栄養」の観点で住民宅にアンケートをして回り、その調査を通じて食をはじめとした生活への介入を行うものです（奥村さんらの研究[4]参照）。

奥村さんは震災以前からの筆者の知り合いで、震災直後も管理栄養士、ケアマネジャーとして気仙沼市や女川町で複数回活動していて、２０１５年には気仙沼市復興住宅の集会室での健康相談にも参加しています。

そこで、奥村さんに協力してもらい、社会的孤立リスクの高い高齢者の多い復興住宅在住者を対象に、「栄養パトロール」の手法を利用して栄養状態と栄養障害リスクの要因を検討し、栄養障害の重症化予防をしつつ運動や社会参加を促していこうと考えました。「人とのつながり」を保ちつつ運動と栄養を確保し、さらに精神的な健康にもつなげようとする、気仙沼版「栄養パトロール」です。

これには奥村さんはじめ愛知県や三重県からの管理栄養士たちのほか宮城県内からもボランティア管理栄養士が参加し、気仙沼エリアの管理栄養士のグループ、歯科衛生士、ケアマネジャー、ソーシャルワーカー、医師も加わりました。２０１８年から気仙沼市のマンション型の復興公営住宅で、２０１９年からは同市内本吉地区の戸建ての復興住宅でも、「栄養パトロール」を実施しました。

２０１８年の調査では、「栄養状態」の項目で食欲低下、体格指数適正以外（肥満も含む）、体重減少ありのいずれかの栄養課題が１つ以上ある人が、男性32人（76・2％）、女性50人（73・5％）と非常に高率でした。復興住宅での「栄養パトロール」の活動所感には「本人の気持ちはまだまだ復興していなかった」「リロケーションダメージを背景に生活不活発、睡眠障害、鬱症状が発生している可能性を感じた」などと報告書[4]に記載されています。

またこの報告では、課題を①時間経過とともに高齢者が一定数増えていることへの対処、②個人に必要な支援に関する情報を適切に本人に届く・届ける方法の検討、③情報は届いたが住民に響かない理由の検討、としています。これは私が多面的に気仙沼市に関わって感じていることと同じです。

3 保健医療職の相談機能の拡充へ

これらの状況のベースには、気仙沼をはじめとした東北の諸地域に共通の問題があります。それは「医療介護相談リソースの不足」です。

気仙沼市は震災前から医療者が少数でした。たとえば気仙沼保健所管内の2018年末現在の医師数は人口10万に対して152・1人で、全国平均250・1人に比べてかなり少数です[5]。また、宮城県の2018年末の人口10万に対する就業看護師数は867・3人（全国平均963・8人）、行政の保健師数は47・5人です。保健師の全国平均は41・9人ですが、ほかの東北5県はそれぞれ54・2～60人ですから、高齢化率の高い東北では少なさが際立ちます[6]。

在宅医療では、特に気仙沼市内北部の唐桑地区と気仙沼市街区を対象に訪問診療を実施する医療機関が少なく、居住エリアによっては医療機関の受診にも訪問診療にも困難があります。2017年11月に気仙沼市立病院が新築移転したタイミングでようやく、復興住宅などを回り市立病院にも行けるコミュニティバスの運行が始まりました。しかし、介護保険サービスのホームヘルパーによる付き添い受診を除けば個別の移動支援はなく、特に身体が不自由な人が医療機関にかかるのは困難です。

また、私たちが復興住宅を訪問しても「医療のハードルが高い」感はなかなか拭えません。総合診療的な受け皿が不足していて、多くの診療科に関わる相談、生活課題を含めた相談などが難しい環境だと感じます。介護保険を使う手前の、やや虚弱な独居高齢者や高齢者夫婦の生活面を含めた相談に、親身に応じられる仕組みが不足しています。同時に、少なからず存在する「認知症高齢者」に安定した生活の仕組みを提案する基盤にも乏しい状況です。

なんとか保健医療職の相談機能を拡充し、それを通じてフレイル・サルコペニアから実際の有病状態に、さらには介護が必要な状態になるのを少しでも防止したいと考えています。

そのなかで、現在はボランティアベースの「栄養パトロール」も、医療に直接関わっていない住民にもアクセスできるため、健康相談、生活支援、健康への行動変容、さらに医療介護連携に早期につながる取り組みになることが期待できます。さらに、行政の後押しがあり協調して行動できると、このボランティア的枠組みと活動を市内全域に広げられると考えています。

今後も粘り強く「栄養パトロール」を実施していきたいと思います。

コロナ禍のなかで

本稿は世界の新型コロナ危機の真っ最中、首都東京のロックアウト直前のタイミングで書いています。

このコロナ禍は、この超高齢社会の日本にはなはだしい影響をおよぼそうとしています。何よりも、高齢者に直撃すると容易に生命の危機に至ってしまうことです。そして、無症候性保菌者の感染可能性により、外部からの訪問や集団活動が著しく制限され、これまで最も大事と考えられた「人とのつながり」がさらに保ちにくくなっていることです。感染が拡大すると、デイサービスなどの社会サービスも縮小され、高齢者はさらなる孤立やフレイル・サルコペニアの危機に晒されることになります。

私たち保健医療関係者は全国それぞれの地域で緊張感をもって対応していますが、もちろん容易に自らの持ち場を離れるわけにいかず、感染拡大の危険を避ける意味で、私も２０２０年3月は、この10年で初めて気仙沼市に行かない月になりました。（追記…その後5月時点でも気仙沼市への再訪が計画できない状況です）

いま気仙沼では、現時点ではコロナに関して安全であると思われる村上充さんの訪問活動は継続されています。その村上さんのアイデアで、タブレットなどを用いた「オンライン健康相談」が行われ、その効果もＳＮＳなどで報告されています。

これからのコロナ禍に対する見通しはまだ見えませんが、この状況下で、コロナ感染の被害を受けず、少しでも「人とのつながり」を保ち、フレイル・サルコペニアに抗していけることを願ってやみません。

参考文献

(1) 本谷亮「東日本大震災被災者・避難者の健康増進」「行動医学研究」19、２０１３
(2) 宮城県保健福祉部健康推進課「平成30年度 災害公営住宅入居者の健康調査報告書」２０１９年
(3) 日本老年学的評価研究・岩沼プロジェクト（https://www.jages.net/project/iwanuma/）
(4) 森亮太「フードデザート問題のある食生活者を対象に、栄養障害リスクの実態把握および自助力を高めるための多機関、多職種の役割に対する検討」公益財団法人在宅医療助成勇美記念財団２０１７年度（後期）一般公募「在宅医療研究への助成」完了報告書、２０１９年
(5) 宮城県「平成30年医師・歯科医師・薬剤師統計」（https://www.pref.miyagi.jp/site/toukei/h30sansi.html）
(6) 厚生労働省「平成30年衛生行政報告例（就業医療関係者）の概況」（https://www.mhlw.go.jp/toukei/saikin/hw/eisei/18/dl/kekka1.pdf）

7 鳥の海歯科医院の被災と再建
実態に合った資金的助成を

宮城県亘理町・鳥の海歯科医院院長　上原　忍

私は、宮城県亘理郡亘理町荒浜にて１９８７年に歯科診療所を開設し、東日本大震災までの約25年間、地域歯科医療のために尽力してきました。しかし大震災で自宅兼診療所は津波に急襲され、全壊しました。そのため私は、私的仮設診療所を経て新規開業という予想外の展開を体験しました。

1 大震災の被害と仮設歯科診療所

阿武隈川河口に位置する亘理町でも、大震災で大きな被害を受けました。家族やスタッフの命に別状はありませんでしたが、荒浜地区では約４５００人の住民のうち約１５０人が亡くなりました。町全体（当時人口約３万５０００人）でも約３０００人が亡くなり、約２０００棟が全壊しました。

３月11日の地震発生時、私は診療中でしたが、幸い建物が鉄骨造りだったことと大きな漂流物の直撃を避けられたため、奇跡的に難を逃れました。町で沿岸部に一番近い歯科診療所でしたから、近くに住む多くの患者の身元確認に関わりました。当時任期中だった地区歯科医師会会長を３月31日に退任し、４月以降は、自院の再建と検案のための警察署へのカルテ提出などに集中できました。

一方、町の復興計画はなかなか決まらず、住民の多くは被災地域から離れていました。このため、少なくとも改修しての診療再開は困難と判断し、数キロ内陸へ移転することにしました。当初、国の一次補正で仮設診療所整備に係る診療確保支援事業補助金が措置されました。しかし町に公的仮設診療所建設の予定はありませんでしたから、私的仮設診療所を立ち上げることにしました。予想以上の困難と煩雑さが伴いましたが何とか資金面などの見通しがつき、震災から約半年後の9月に、5か所の仮設住宅のほぼ中間点に仮設診療所を建てることができました。

診療を再開すると、以前からの多くの患者の受診があり、しばらくは互いに声をかけ合って再会を喜ぶ姿を見かけました。まるで被災者の集会場のようになっている日もありました。医療費窓口免除の患者は、2013年3月に制度が打ち切られるまで60％程度もあり、それなりに被災者の役に立ったのではないかと思っています。

2 歯科医院の再建で痛感した課題

荒浜地区ではその後、私が校医をしている小学校と中学校が3年目に、同じく保育所が4年目に、それぞれ再開しました。5年目の3月には隣にあった郵便局も再開し、行政より補助金活用の話が出て、私も元の場所での再開を意識し始めました。そして震災から5年目の7月、ついに元の診療所の駐車場跡地に診療所を新設することができました。補助金は、新しい診療所の見積り額の3分の2まで支給され、残りは政府系金融機関から無担保と低金利で借りることができました。

ただし、完納時に私は80歳近くになります。新しい診療所は木造ですが、県から15年間の拘束を受けるため、途中で閉院した場合は残りの相当額を返還しなくてはなりません。実際、仮設診療所の補助金は10年の拘束を受けていましたが、約5年で閉院したため、残りの相当額を返還しました。

また、仮設診療所は中古プレハブだったため売却額もほとんど役に立たず、新規開設にあたっては、仮設診療所に支給された補助金の返還という大きな負担が生じました。補助金がなければ再開できませんでしたから深く感謝しますが、返還の額や、補助金が雑収入扱いになり納税に大きく影響したことなどは、何か釈然としない部分です。

なお仮設診療所には、国から平成23年度医療施設等災害復旧補助金と県から平成25年度地域医療再生事業特別支援補助金が、それぞれ支給されました。返還額は全体の約38％です。また新規施設の約72％に、県の平成27年度地域医療再生事業特別支援補助金が適用されました。

診療所の再建について経験的に感じた課題を3点強調しておきます。

1つは、行政の長期的な震災後事業計画との擦り合わせの問題です。恒久的な住宅建設に対する建築制限域の存在が、制限区域外も含めた既存の住民の流出を促し、さらに事業展開の遅延が住民の流出に拍車をかけたように見受けられます。このため、既存の被災医院の再建を困難にし、私のように大きな資金を必要とする移転のケースも出てくると思われます。

2つ目は、公的仮設診療所だけでなく、移転を余儀なくされた診療所や私的仮設診療所への国の資金的助成の必要性です。後にある程度は解消されましたが、対象医療機関が全壊（全域）と半壊（沿岸部）に限定され、しかも自宅は対象外でした。私のように自宅兼診療所が全壊になったケースは、新築はもちろん改修にも大きな費用がかかります。

3つ目に、県や国からの補助金の支援が、その決定や事前の情報も含めて後出しだったことで、計画的な再開を困難にしたように思われます。

3 被災者の目線に立って

現在、行政主導で巨大な防潮堤と内側の堤防が二段構えでほぼ完成しましたが、避難路の確保や一般道路の整備などはまだ不十分です。震災前と比べると町民バスの運行回数が少なく、利用できる商店も数件しかありません。医科がなく、医療への不安も復興回復を遅らせていると思われます。実際、仮設住宅撤去後、地元に集合住宅も完成しましたが、住民も4割程度しか戻っていません。

せめて歯科だけでも地域医療の一助になれば幸いと考えて再開し、やっと3年が経ちました。地域の復興あっての地域医療の復興といえますが、この逆もあり、被災地域の衰退につながる悪循環に陥る可能性があります。

完全な地域の回復は無理だとしても、多くの被災地住民は、復興の名のもとに町が再び盛んになることを期待していることでしょう。確かに多くの被災地で、住民が少なく経営面から再開を躊躇する医院の話もよく聞きましたが、しばしば聞こえてくる待合室の笑い声が何よりも代え難い贈りもののように感じられます。

今後も診療を続けながら、被災者の目線に立ち、地域の復興を見つめていきたいと思います。

8 被災時の薬の供給と服薬支援

宮城民医連事業協同組合・管理薬剤師　金田早苗

1 患者の状況

東日本大震災では津波の被害が大きく、被災地の患者は何もたずに命からがら逃げて、普段飲んでいる薬も流された人が多数ありました。沿岸の医療機関・薬局も津波の被害を受けて営業できないところがありました。すべての交通機関がストップしガソリンも不足したため、遠方の医療機関に通って治療中の患者は受診が困難でした。そのため政府から、お薬手帳や薬剤情報提供書にもとづいて保険薬局で医薬品を供給してよい、という通達が出されました。津波の被害を免れ開局していた私たちの薬局は、普段飲んでいる薬がないという患者であふれました。

2 薬局の状況

薬局は、医薬品・調剤機器の散乱、停電、断水、通信インフラの不通で、まともな調剤ができる状況ではありませんでした。また、コンピューターが使えないため薬品の在庫管理もできず、電話が不通で卸への薬の注文もできませんでした。

それでも、被災者に必要な薬を適切に提供することが大事と、休日も返上して薬局を開け、手作業で調剤しました。受診が困難な人たちには、持参の薬を調べたりお薬手帳や薬剤情報提供書を確認したりして調剤しました。薬の卸も、流通が困難ななかで薬を運んで来ました。

営業できない薬局が多かったため、私たちの薬局には、普段あまりつき合いのない医療機関の処方箋が次々に来ましたが、電話が不通で問い合わせもできませんでした。困難な状況なので、可能なものは薬剤師の判断で対応をしてよい、と自らわざわざ伝えに来た開業医もいました。また、開業できない薬局からは医薬品提供の協力もありました。地域での連携は、困難なときほど重要です。

在宅患者への訪問も困難でした。震災後、患者が避難して所在がわからなかったり、薬局の営業車が緊急車両に登録できずガソリンがなくなったりして訪問に支障をきたしましたが、医療機関や訪問看護ステーションと協力して在宅患者に薬を届けました。この場合も、地域の連携が重要でした。

3 地域での活動

薬が必要な状態にもかかわらず、薬局に来ることができず、避難所や自宅で困っている人たちもたくさんいました。

私たちは、避難所の救護所でも調剤をしました。また避難所を回り、薬の相談を受ける活動もしました。

慢性疾患で日常的に薬が必要なのに、医療機関に受診できない、薬局に行くことができないからと薬を中断している人もいて、そのような人に薬を提供しました。

また、発災直後は支援物資が乏しく食べるものがほとんどないときもありました。糖尿病の患者でも、食べるものが菓子パンしかないという状況のときもありました。トイレの問題があり便秘になる人もいました。薬だけではなく、食事や避難所の環境整備などいろいろ課題があり、十分対応できなかったことも多々ありました。

被災者は避難所にいる人ばかりではありません。困難ながら自宅で生活している人もたくさんいました。支援物資が避難所に届いても、自宅にいる被災者には行き届かないこともありました。

そのような状況で、市販の医薬品を求める人、赤ちゃんのミルクや衛生材料などを求める人なども薬局に来ました。ドラッグストアも営業できないところが多く、私たちの薬局の市販薬や衛生材料などは、あっという間に在庫がなくなってしまう状況でした。人工肛門の装具の販売も行っていますが、装具がなくなったと相談に来る患者もいました。

災害時においても地域の薬局は、市販薬、介護用品、衛生材料などの供給などセルフメディケーション支援を行わなければならないと考えます。

4　薬剤師の状況

薬局の職員、薬剤師も被災者でした。自宅の片付けもしないまま、患者に薬を提供するために働きました。

ライフラインが断絶している状況で薬局職員が働くためには、水や食料なども必要です。断水の地域で給水車に並ぶと3時間もかかるという状況では、薬剤師として業務することができなくなってしまいます。

全国からの支援は大変助かりました。また、近隣の病院にはボランティアによる炊き出しがあり、私たち薬局職員も提供を受けることができました。全国からの支援と地域のつながりによる支援はとても重要だと思います。

交通手段を確保するのも大変でした。電車通勤の職員は、自家用車で通っている近くの職員に乗せてもらうなどの手配をしました。ガソリンがなくなってしまってからは、1時間半徒歩で通勤した職員もいました。なかには、薬局に泊まり込んだ職員もいました。

また、ほとんどの保育園・学校が休みになってしまい、子育て中のお母さん薬剤師は大変困りましたが、子連れ出勤で働いていました。余震の恐怖もありました。独身で一人暮らしの女性職員は、近くに住む職員家庭に身を寄せたこともありました。

こうしてみんなで助け合って薬局の機能を維持し、薬の供給を滞らせないようにがんばりました。

5 復興に向けて

私たちの薬局では、被災者が避難所から仮設住宅、そして公営住宅に移っていくなかでも、健康相談などの活動を継続しています。被災地の地域の薬局は、被災住民の薬物療法の継続と健康を守るために重要な役割を担います。そのことを認識し、地域の薬局の活動を行っていく必要があると考えています。

9 被災者自身が語る震災からの9年

宮城県保険医協会理事長　井上博之

東日本大震災での東松島市全体の死者は約1100人ですが、同市野蒜地区の死者は500人を超えました。そんな地域に住んでいる被災者に話を聞きました。紹介する4人は、被災者として9年間生き抜いてきた人たちです。現実には、目立たずひっそりと暮らしている人もいます。孤独死の悲しいニュースを聞くまでもなく、被災地の復興には最低限、人と人との交流が欠かせない、と強く思います。課題は地域ごとに異なると思いますが、そういう視点で参考になればと思います。

1　3世代同居で高台に移転して暮らすKさん

元教師の男性Kさんは81歳です。結婚し、野蒜に住んで約50年になりましたが、地域のことはよく知らずに過ごしてきました。奥会津の山奥の生まれで、津波はまったく念頭にありませんでした。被災して、いろいろ反省することになりました。

地域の人々と関わること、助け合うことが大事だと学んだのは、仮設住宅での生活協同組合の集まりに参加したことからでした。その後、高台に移転した新しい団地で、集会所に集まる会を2か月に一度開いてきました。いつも20人前後が集まりますが、もっと広がりがほしいと思っています。

3・11で通院していた眼科医院も被災し、6か月間受診できませんでした。その間に緑内障が急速に進行し、当時は普通にあった視力が、いまではほとんど全盲に近いそうです。それでもまだ少しでも見えるうちにがんばりたいと、医療費窓口負担免除の継続を要請する署名や、女川原発再稼働の是非を問う県民投票条例請求署名は、200筆を目標に取り組みました。

隣近所では20人以上が命を落としましたが、肉親には津波の犠牲者は1人もいませんでした。幸いだったと思っています。高台の野蒜ヶ丘二丁目に空き地はなく、新築の家々と復興住宅が並びます。「やっぱり野蒜がいい」と戻ってきた人々に、心の交流を求め地域づくりを進めたいと思っています。

2 夫婦と要介護の兄と3人で災害公営住宅に住むAさん

Aさんは69歳の女性です。生まれ育った家は柱だけ残して流されてしまいました。避難所にいるときに息子が迎えに来て、1か月間、関東でいっしょに暮らしました。でも、野蒜がよくて、再び避難所に戻りました。

義援金100万円、支援金100万円が支給されました。その後毎年、義援金の分配はありましたが、夫婦2人の年齢と家族のことを考え、新しく家を建てる気はありませんでした。

地域のつながりはそれなりに感じていましたが、幼なじみが5人ほど集まったときが一番で、お互いに活力をもらえました。

野蒜の新しい団地は、風当たり・地盤・水と災害に強い〝とてもよいところ〟です。女川原発から約30㎞で、放射能を心配しています。

いまもこれからも、後を見ないで「楽しみ」を見つけながら、前向きに暮らしていきたいと考えています。

3 夫婦で隣町（松島町）に家を建てたOさん

Oさんは71歳の男性で、同居していた両親を津波で失いました。長女から「二度と同じところには住んでほしくない」と言われ、1日も早く仏壇を安置させたいとの思いから、急いで松島に家を建てました。すると二女からは「何で野蒜にしなかったの」と言われ、ショックを受けたそうです。

夫婦で仙台に出かけていたときの地震でした。助かった自分たちにできることがもっとないか、と思い続けてきました。初めて、観光ボランティアガイドや町内会役員として地域活動も、するようになりました。

2019年の台風19号被害のニュース映像を見た後1か月間、身体がおかしくなってしまいました。身体が勝手に3・11を思い出してしまったようです。ほかの被災者との関係も、隣町に転居したことで気まずい思いをしたり、負い目を感じたりすることがしばしばあったそうです。

マスコミの取材を受けることが何度もありました。正確な報道だったこともありますが、本人の同意なしに変更されたこともありました。あるときはNHKの取材を断りました。

東松島市の積極的な施策は評価しています。復興ソングは涙が出て歌えなくなるそうです。「絆」という言葉には抵抗感があるそうです。児童虐待や母性保護など社会問題にも関心を寄せながら、コミュニケーションを大切にして生きていきたいと思っています。

4 被災した自宅を修理して夫婦でがんばるMさん

Mさんは明るく前向きな74歳の女性です。被災者となったことは悪いことばかりではないと話します。全国から来たボランティアの人たちとの交流がありました。最初はボランティアの女性に声をかけて、自宅に寝る場所を提供することから始まりました。次第に20人ものボランティアが泊まるようになりました。大工の夫（80歳）もトイレを増設するなど協力しました。

交流から生まれた活動に、「エコたわし」づくりがありました。支援物資として送られてきた毛糸を使い、仮設住宅と在宅の被災者に呼びかけて製作しました。ボランティアの人たちが全国に拡散しました。5年ほど続いた活動で得たお金で、ときどきみんなでホテルなどへ食事会に行きました。

野蒜では、お金がなくても命はつなげられるといいます。食べものは何とかなると、被災して空き地になった土地を借りて畑にしました。2本の杖が必要な身体障害がありましたが、ボランティアの人に勧められて両足の手術を受け、いまでは杖なしで歩けるようになりました。この入院医療費は免除され、給食費だけの負担ですみました。

たくさんの交流を通じて学んだことは「心は丸く、気は長く、一歩一歩、前向きに」という言葉として、いまも残っているそうです。

10 Music Is Only A Small Part of It

神戸市・民族音楽家　ロビン・ロイド

1 音楽の魔法とチャリティ

音楽というものは、ある意味「魔法のような」ものであると、きっと誰もが同意するでしょう。音楽はほぼすべての人たちの生活に魔法の効果をもっています。人々を勇気づけたり興奮させたり、あるいは反対に、穏やかにしたりリラックスさせたりします。人々を目覚めさせたり、眠りを助けたりもできます。痛みを和らげ、笑顔を取り戻すこともできます。商売（business）で人々により多くの買い物をさせたり、一生懸命働かせたり、より速く走らせるために使われています。そして、そうした忙しいこと（busy-ness）すべてを忘れさせたり、ゆっくりさせたりする手助けにもなります。ある人によっては暴力を引き起こすために、またある人によっては平和をもたらすために使われたりします。

私は人生のほとんどを、誰かと音楽を楽しんだり、音楽とともに世界中を旅することに費やしてきました。そして本当に、音楽の世界に国境はないと気づいたのです。すべての世代、人種、文化の人々、お祝いや記念、昼と夜、そしてすべての季節ごとに異なった音楽があります。

「チャリティー」のための音楽といわれるものもあります。ご存知のとおり、何らかの形で苦しんでいて助けが必要な人たちを助けるために、音楽家が自分の能力と時間を無償で提供する場合のことです。確かにそういうことは、事故や災害の後、緊急時にすぐに必要とされること（食料、医療、避難所、救助隊など）に比べれば重要なことではないでしょう。しかし後で、被害を受けた個人とコミュニティの両方を助けるために、たくさんの音楽がシェアされていることに気がつきます。

アメリカの高校時代に私が初めてこれを経験したのは、自分たちの街だけでなく世界中の人々を助けるために支援する慈善グループや平和愛好団体とともに、音楽プログラムを編成し演奏したときのことでした。私がともに働いた素晴らしい人たちのことや、それらのプロジェクトがベトナムやバングラディッシュ、エチオピアなどどれだけ広範に広げていくことができたかを、いまでも鮮やかに思い出すことができます。

そしてあのときのことからしばしば思い出すのは、どれだけ多くのことを学んで、経験して、新しい知人や友人を得られたか、ということです。受け手側の人たちが何度も「ありがとう」といわなくてはと感じているのがわかっても、私たちは何か特別なことをしているという気持ちはありませんでした。むしろ謙虚に感謝をのべるべきなのは私のように思いました。人々が「チャリティー」と呼ぶ人生を変える機会のおかげで、私の世界はとても開放的で広大で、よりよきものになりました。

2 やりがいと学びがいのある経験

日本に来てから30年以上も、当時と同じことを音楽ですることができて光栄です。最近では、私を「ヒーリングミュージック」を演奏する音楽「療法士」と呼ぶ人たちもいますが、それらは音楽が私たちの心に深く届く「魔法」だということを語りやすくする〝ラベル〟でしかありません。京都や東京そして、福島の大学の教師や学生のボランティアグループの人たちとともに、何度も被災地を訪問し、音楽を通して地元の人たちと交流の機会をもちました。また兵庫県保険医協会では、被災地の訪問と同じく神戸で交流の機会をもたせていただきました。とくに広川医師と個人的に被災地でともにした取り組みは、とても意義深いものでした。

もちろん毎年、東北地域のたくさんの村や街、都市でインフラや経済的安定という意味での「復興」が進んでいるのを見ることができます。しかし、10年前の恐ろしい災害を生き延びてきた人たちが、どのように力を取り戻し、前向きに将来の輝かしい夢を心にもって生きていこうとしているのか、ほとんど見ることができません。

ここは、広川医師のアプローチと取り組みがとても有効で賞賛に値することが証明されるところです。広川医師は毎年何度も、災害が起こった直後に出会った人たちに会うために現地を訪ねています。たいていは、傾聴したり、友人としてそこにいたりするためだけに訪ねるのです。彼が訪問し、再び会うことを約束するという単純なことですが、コミュニティにいる人たちはとても勇気づけられていると思います。また毎年、私も訪問するときには、プロジェクトチームや地域の人たち、そしてその家族と新しい友達になることができます。もちろん、みなさんはいつも私たちの訪問を歓迎します。

3 互いに心を開くために

ですから私がいいたいことは、「音楽」はほんの一部にすぎないということです。音楽は私たちが互いに心を開くための窓なのです。歌やメロディは種まきのようなものです。その後、植物が育ち、真の末永い友情へと開花するのです。音楽そのものよりも明らかに大事なことは（あまりいわれないことですが）、コンサートやイベントの終わりに「さようなら」というけれども、その後もずっとお互いのことをそれぞれの心のなかにとどめておくということなのです。

私たちは遠く離れることなく、いつでも会って励ましあい、いっしょに笑い、泣き、大なり小なり互いに助け合えるような気持ちになります。

それは、私たちが一番よい方法でこの地球にともに生きている仲間だということなのです。そして結局のところ、（音楽の恵みにより）私が与えることができるものよりはるかに多くのものを受け取り続けることになるのでしょう。

このエッセーを読んだすべての人たちが、健康で幸福で平和な人生に満たされることを

心から、ロビン・ロイド

（訳／岡林信一・有本花野子）

Music Is Only A Small Part of It

I'm sure that everyone would agree that music is, in some ways, "magical". It can have a magical effect on almost anyone's life. It has the power to encourage and excite people, or in the opposite way, it can be calm and relaxing. It can wake people up, and it can help others to fall asleep. It can relieve pain and bring back smiles. It is used in business to get people to shop more, to work harder, and to run faster. And then, after all of that, it can help us to forget about all of that *busy-ness* and be able to slow down. It is used by some to incite violence and by others to bring peace.

Personally, I have spent my entire life having the enjoyment of sharing music with others, and traveling around the world with it. I have found that, truly, there are no borders in the musical world. There is music for people of all ages, races, and cultures, for celebrations and memorials, for day time and night time, and for all the seasons in nature as well.

There is also what some people call music for "charity". As you know, this is when musicians volunteer their talent and time to help others who are suffering and in need of help in some way. After an accident or disaster, this is certainly not as important as the immediate needs in emergency; food, medical care, shelter, rescue work and so much more. Later though, one can always find quite a lot of music being shared to help both the individuals and the communities that have been affected.

While growing up in America and still in high school, my first experiences with this were arranging and performing in music programs with charity groups and peace-loving organizations reaching out to help others, not only in our own city, but also all over the world. I can still vividly recall the wonderful people who I worked with, and how these projects were able reach as far as Vietnam, Bangladesh, Ethiopia…and beyond.

And what I also often remember from those times is how much I received in learning, experiencing things, and making new acquaintances and friends. There was never the idea that we were doing anything "special", even though we found that those on the receiving end felt the need to say "thank-you" over and over again. It seemed more likely that I was the one who should be so humbly repeating my thanks! *My* world became so much more open, wider, and better because of those life-changing opportunities that some people called "charity".

Over the past thirty years or so in Japan, I have been honored to do much of the same with music as I did in those early days. These days some people call me a music "therapist", doing "healing music", but those are just *labels* to make it easier to talk about the magic that we find when the music is reaching deep into all of our hearts. I have worked many times with University teachers and students from Kyoto, Tokyo, and

Fukushima in volunteer projects which included music programs for communities in the disaster recovery areas. The Hyogo Medical Practitioners Association has kindly included me in Kobe city community projects as well. In particular, working personally alongside Dr. Hirokawa in the disaster stricken areas has also been very rewarding. Working with Dr. Hirokawa has been a particularly rewarding, educational, and rewarding experience.

Every year, of course, we are able to see how the villages, towns, and cities there in the Tohoku region are re-building in terms of infrastructure and economic stability. What is *much less visible*, however, is how those who survived and lived through that terrible disaster ten years ago are regaining the strength and will to live on in their hearts and minds, with optimism and brighter dreams for the future.

This is where Dr. Hirokawa's approach and work proves to be so successful and deserving of praise. Many times each year, he goes back to meet some of the same people he met early on, soon after the disaster struck. Often he returns there just to listen, and just to be there *as a friend*. You can feel that those in the community are so very much encouraged even by the simple fact that he has returned, as promised, to see them again. And every year, as I go back too, I am able to make new friends both within the project teams and among the local people and their families. And, of course, they are always welcome to visit us back in our homes.

So, what I am trying to express here is that, the *music* itself is only a very small part of it. Music is the window that helps us to open our hearts to each other. The songs and melodies are like seeds planted. Later on the plants grow and blossom into true and lasting friendships. What is clearly more significant than the music is the fact that (although largely unspoken), those of us on both sides, while having to say our "goodbyes" at the end of each concert or event, will be keeping each other in our hearts and minds all through the year.

There is a feeling that we will never be too far away, and are ready at any time to meet, encourage, laugh and cry together, and *help each other again* in any way, big or small...

It is just fellow human beings living our lives here on this planet together in the best ways that we can. And after all, (with the blessing of music) I will certainly continue to *receive* far more than I will ever be able to *give*...

May all of you who have read this
Be filled with a lifetime of
Good Health, Happiness, and Peace.

Sincerely, Robbin Lloyd

郵便はがき

601-8382

おそれいります
切手をお貼り
ください

京都市南区吉祥院
石原上川原町21

株式会社
クリエイツかもがわ
行

〒□□□-□□□□

TEL　　E-mail※

（フリガナ） 氏　名	年齢 歳代
職　業	
メルマガ購読　□ する　□ しない	※E-mailを ご記入ください

●ご記入いただいた個人情報は、小社が書籍情報・関連イベントの案内を送付するために使用し、責任をもって管理します。

CREATES
KAMOGAWA

愛読者カード

ご購読ありがとうございました。今後の出版企画の参考にさせていただきますので、お手数ですが、ご記入のうえ、ご投函くださいますようお願い申しあげます。

本のタイトル	本の入手先

この本を、どこでお知りになりましたか。

- □ 新聞・雑誌広告（掲載紙誌　　　　　　　　　　）
- □ 書店で見て
- □ 人にすすめられて
- □ その他（　　　　　　　　　　）

ご感想・取り上げてほしいテーマなどご自由にお書きください。

追加書籍注文書

書名		冊数	
		冊数	
		冊数	

●表面の氏名、住所、電話番号を明記して、ご注文ください。振込用紙同封にて本を送付いたします。代金は、本の到着後、お近くのゆうちょ銀行からお支払いください。
※愛読者カードからのご注文は送料(240円)無料でお送りします。
http://www.creates-k.co.jp/　HPの書籍案内・注文フォームもご利用ください。

III

東日本大震災
——福島原発事故

1

原発のない世界へ

非難し合うのではなく認め合ってこそ

元京都大学原子炉実験所助教
小出裕章

1 原子力発電とは

(1) 古めかしい蒸気機関

多くの日本人は、原子力は科学の最先端のように思っていると思います。でも、それは誤解です。原子力発電は、実は古めかしい蒸気機関です。蒸気機関は、250~300年ほど前のイギリスを中心にした産業革命期に、ジェームス・ワットらが発明したものです。水を沸騰させ蒸気の力で機械を動かします。

火力発電も蒸気機関です（図1左下）。パイプに水を流し、外側から石油や石炭、あるいは天然ガスを燃やして水を熱し、沸騰して吹き出した蒸気がタービンを回して発電します。原子力発電も同じです（図1左上）。真ん中の鋼鉄製の原子炉圧力容器に水がはってあり、その中にウランがつけてあります。ウランを核分裂させると熱が出て水が沸騰し、その蒸気でタービンを

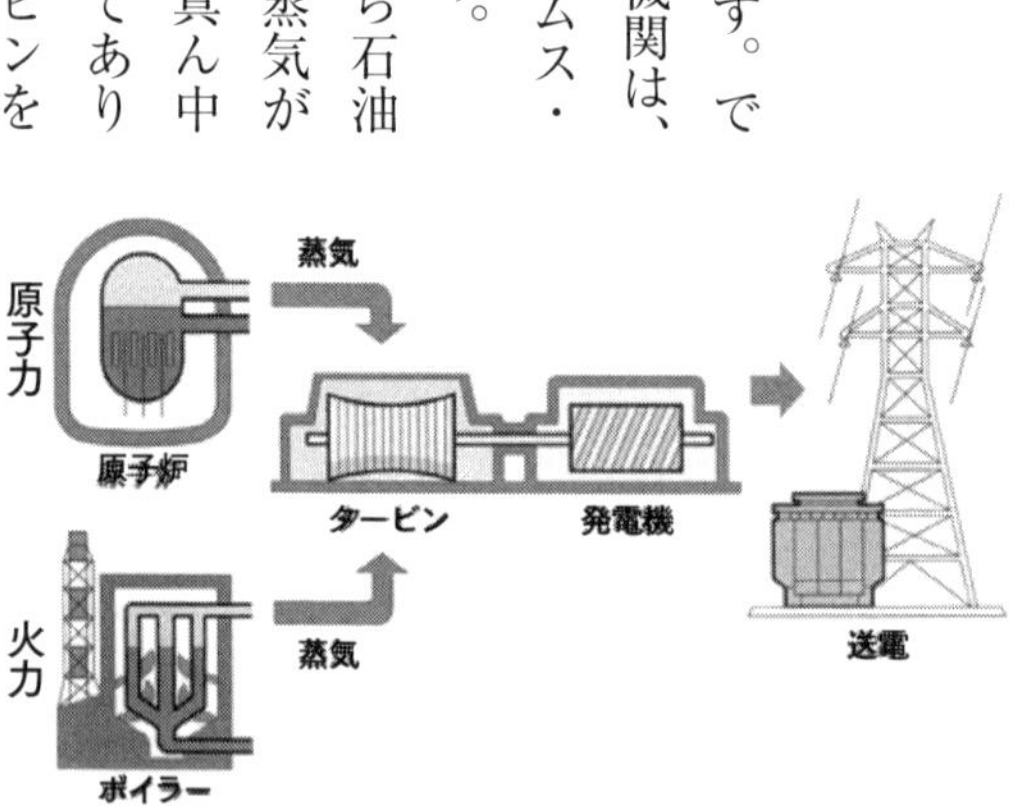

図1　原子力発電は古めかしい蒸気機関

回して発電します。

(2) 途方もなく効率が悪い

最新鋭の火力発電所は、熱効率（発生させた熱のうち電気になる効率）が50％です。たとえば100万キロワットの火力発電所だと、発生させたエネルギーは200万キロワットです。その半分の100万キロワット分だけが電気になり、残りの100万キロワット分は捨てています。

ただし、火力発電所は都会につくれますから、発電に使えなかった熱は地域の暖房など別の用途に使えます。それを私たちは「コジェネ」と呼んでいます。それができると80％の熱を使えます。

一方、最新鋭の原子力発電所でも熱効率は33％です。100万キロワットの電気のために200万キロワット分を環境に捨てる、途方もなく効率の悪いものです。その上、ウランを燃やせば核分裂生成物（死の灰）ができます。だから原子力発電所は都会にはつくれず、もちろんコジェネも不可能です。

(3) 大量のウランが大量の「死の灰」を生む

広島原爆で核分裂したウランの重量は800グラムです。片手で持てるほどのウランが燃えて、広島が一瞬にして壊滅してしまう巨大なエネルギーを出しました。

今日では100万キロワットの原子力発電所が標準ですが、その1基を1年運転するには1トンのウランが必要です。たった1基の原子力発電所が1年で広島原爆の1000発分を超える大量のウランを核分裂させるのです。ですから、化石燃料より先に地殻中に存在しているウランが枯渇します。

1トンのウランを核分裂させると1トンの「死の灰」ができます。すなわち原子力発電所は、1基で広島原爆1000発分超の「死の灰」を毎年つくり出し、それを原子炉に蓄積しているのです。

2 現実になった原発事故とその必然性

(1) 事故は必然

どんな機械も時に故障して事故を起こします。人間も必ず間違いを犯します。原子力発電所も機械ですから、事故から無縁ではあり得ません。そして原子力発電所は膨大な危険物を内包しています。

原子力発電所が大事故を起こさないための方策はただ一つ、原子力を使わないことです。既存原発は即刻すべて廃絶することです。私がこう考えたのは1970年です。大事故を起こす前に止めなければと、人生のすべてをかけてきました。しかし残念ながら福島で大事故が起きてしまいました。

(2) 過疎地に押しつけた危険

原子力を推進してきた人たちは、破局的な事故を「想定不適当」と無視しました。しかし彼らも、もしかしたらあり得ると考えたからこそ、原子力発電所は都会に建てない選択を

図2　日本の原子力発電所

したのです。

日本には17か所に原子力発電所があります（図2）。福島の事故までは、下北半島の大間と瀬戸内海の上関にも計画がありました。また、原子力発電所が1年間に放出する放射能を1日で放出する超危険な再処理工場を、青森県の六ヶ所村に押しつけようとしてきました。

電気は大都会で大量消費しますが、原子力発電所だけは過疎地につくって長い送電線で送っていました。電力の恩恵は都会が受け、危険だけは過疎地に押しつけたのです。こんな不公平で不公正なことは、ただそれだけの理由でやってはいけません。自ら引き受けられない危険を他者に押しつけながら自分は利益だけを受ける――、初めから論外です。そのあげくの果ての福島の事故だったのです。

3 いまも進行中の福島第一原発事故

(1) 原発事故で放出された放射能の量

図3が福島原発事故の現場です。手前がタービンと発電機が入るタービン建屋、そこに蒸気を送る原子炉は後方に並ぶ原子炉建屋の中にあります。右から1号機、2号機、3号機、4号機です。これらの原子炉が熔けたり爆発したりしてしまいました。

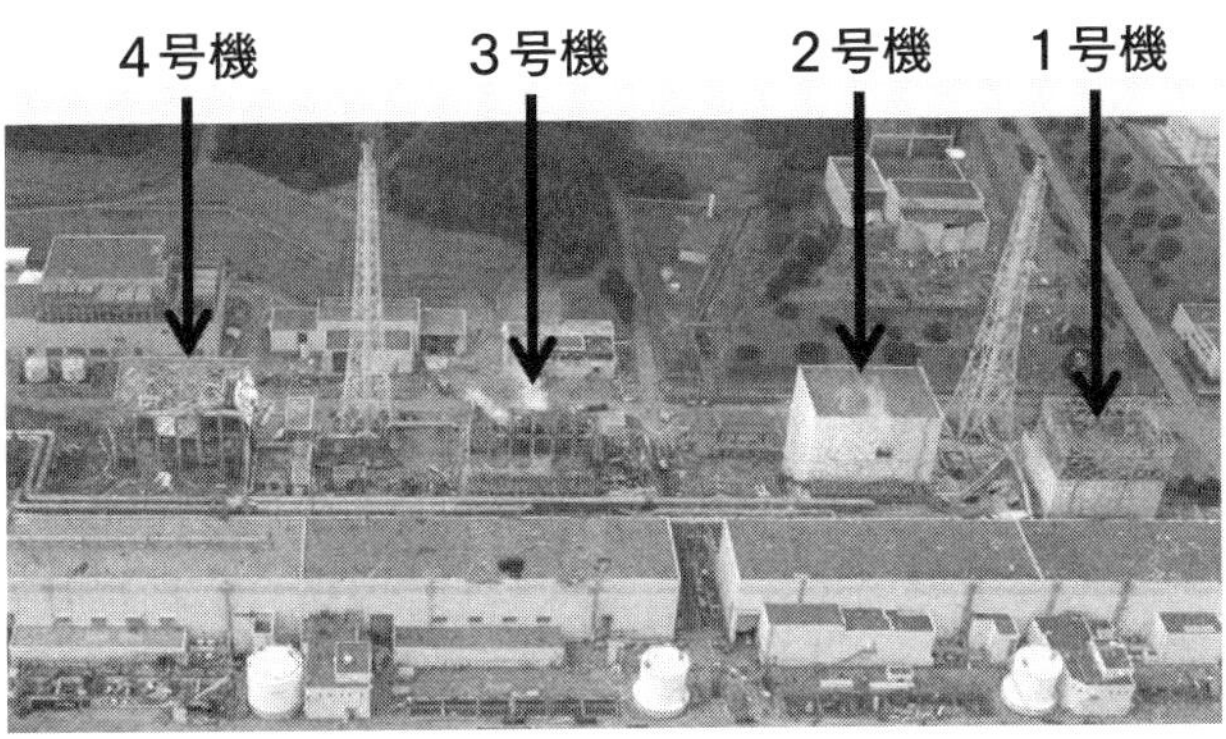

図3　事故を起こした福島第一原発

この事故はいまだに進行中です。事故をどうやって収束できるかさえわからないまま、現時点でも約5000人の労働者たちが被曝しながら放射能とたたかっています。

IAEA（国際原子力機関）に提出された日本政府の報告書に、福島の事故で放出された放射能が数字で示されています。このうち大気中に放出したセシウム137の量は、1号機だけで広島原爆の6〜7発分でした。一番ひどかった2号機で大量です。3号機もばらまきました。当日運転していなかった4号機を除く3機の合計放出量は、広島原爆がばらまいたセシウム137の168発分にもなります。セシウム137の半減期は30年です。100年たっても10分の1にしか減りません。

(2) 放出された放射能の飛散範囲

大気中に放出されたセシウム137を中心とする放射能は、風に乗って流されました。図4は、日本政府が作成したその汚染地図です。

日本の上空約5000メートルには偏西風が吹いています。福島第一原発から吹き出した放射能のうち、上空高いところに到達したものは、ほとんど偏西風に乗って東の太平洋に流れました。しかし地上は西風ばかりではなく、さまざまな風にのって汚染を広げました。特に福島第一原発から北西の方向が猛烈に汚染され、事故直後に避難を指示されて10万人以上が避難しました。

この人たちはある日突然、手荷物だけを持ってバスに乗るよう指示されました。生活を根こそぎ破壊されて避難したのです。初めに行ったのは避難所です。本当に悲惨だと思います。何か月も生活はできません。その後、2人で四畳半という割り当ての仮設住宅に移らされます。またしばらくすると災害復興住宅へと、次々に移らされました。

福島には大家族がたくさんありました。その人たちは避難のなかで家族や地域のつながりをバラバラにされ、あまりの苦しさで命を落としていく、自分で死を選んでいく人も後を絶たない状態になっています。そのほとんどが、この猛烈に汚染されたところの人たちです。

汚染はそれだけではありません。福島県の中央部は中通りと呼ばれ、東側の阿武隈山地、西側の奥羽山脈に挟まれた平坦地で、温暖な住みやすいところです。福島市をはじめ福島県の大きな都市はほとんどがここにあります。そこを放射能の雲がなめるように汚染していきました。

日本政府によれば、中通りでは比較的汚染が少ないところでも1平方メートルあたり6～10万ベクレル、大部分は10～30万ベクレル、一部の濃度が高いところは30～60万ベクレルの、それぞれセシウムが降ったとされています。

その汚染は栃木県の北半分、群馬県の北半分にもつながっています。さらに群馬県と長野県の県境には浅間山や八ヶ岳など高い山並みが連なっていて、放射能は山麓を巻くようにして群馬県の西部を汚染しました。これらのあたりは3～6万ベクレルの放射能が降り積もったとされています。

同様の濃度は、福島県の会津地方、宮城県の南

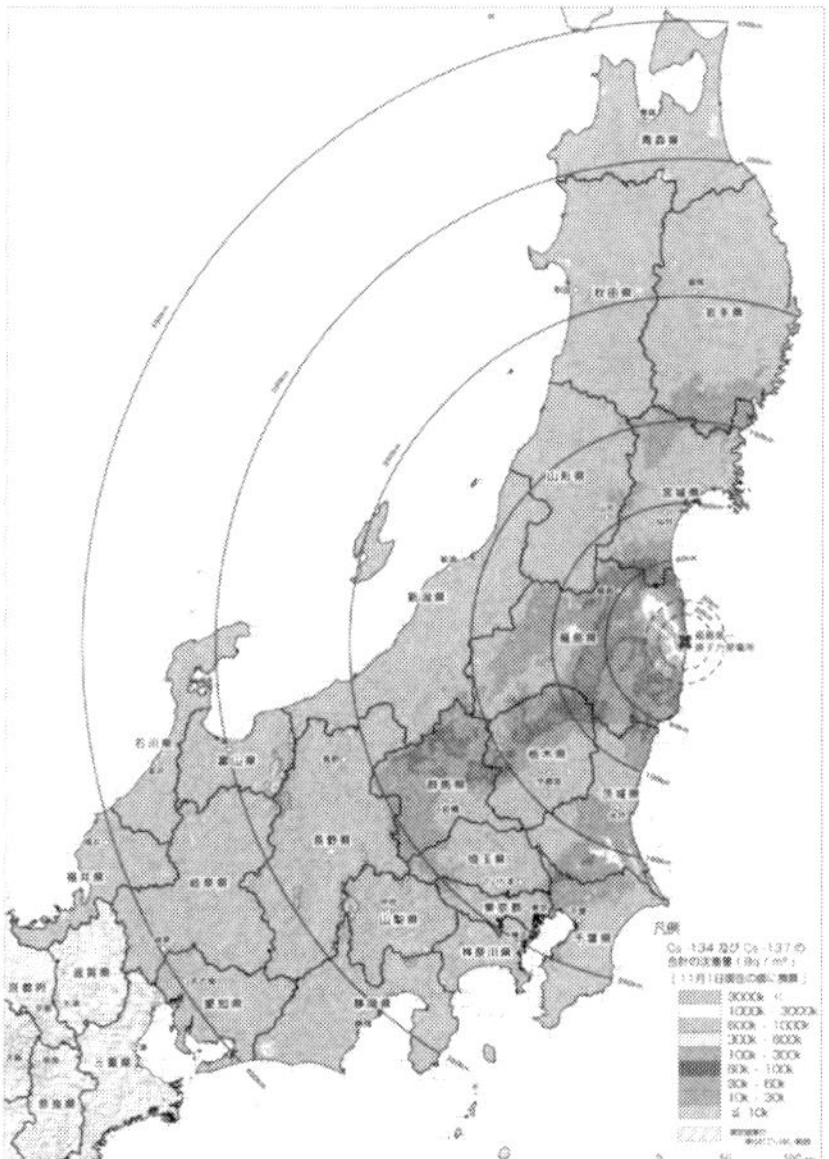

図4　福島第一原発事故で飛散したセシウムの分布（出典：文部科学省）

部、北部、茨城県の北部、南部、千葉県北部、東京の一部、埼玉の一部にも存在します。

(3) 放射線管理区域並み

私は5年前まで、京都大学原子炉実験所で仕事をしていました。放射能は危険物ですから、法律により普通の人が生活している場所では扱えません。使えるのは放射線管理区域と呼ばれる特殊な場所だけで、放射線業務従事者しか入れません。中では水も飲めず、何も食べられず、寝てもいけない、トイレもない、そういう著しく非人間的な場所です。

出るときは、管理区域の出口に放射線測定機があり、汚れていればドアは開かない仕組みでした。許容範囲は1平方メートルあたり4万ベクレル。それを超えれば、実験着も実験道具も管理区域外には出せないのが、日本の法律でした。

日本政府作成の地図では、低くて3~6万ベクレル、中通りには6万ベクレルを超えて60万ベクレルという猛烈な汚染地までであります。日本の法律を守るなら本来、東北地方、関東地方の広大な範囲を放射線管理区域にしなければなりません。それほどに汚れてしまったと日本政府が示したのです。

では日本政府はどうしたのか。事故当日「原子力緊急事態宣言」を発令し、猛烈な汚染地の人たちには曲がりなりにも避難を指示しましたが、ほかの地域の人々はそこに棄ててしまいました。この「原子力緊急事態宣言」は解除できずに9年、いまも続いています。生まれたての赤ん坊も含めていま生きている私たちが全員死んでも、この国は「原子力緊急事態宣言」下にあり続けるでしょう。

4 苦難を乗り切るために

(1)「原子力安全神話」と「被曝安全神話」

原子力を推進している人たちは、原子力発電は絶対安全だ、避難訓練も必要ないといい続けてきました。福島の事故でそのウソが示されました。

国は原子力の平和利用という夢をばらまき、いろいろな法律をつくって電力会社を引きずり込みました。その周りには三菱、日立、東芝などの巨大原子力産業が金儲けを求めて集まりました。さらにその周辺にはゼネコン、中小零細企業、労働組合、マスコミ、裁判所、学界などもたくさん集まりました。マスコミも裁判所も教育の現場も、みんな原子力はいいものだと夢をふりまきました。それが「原子力ムラ」と呼ばれています。

しかし、事故に責任がある「原子力ムラ」の人たちは、誰一人として責任を取っていません。2019年9月には、東京電力の会長らの刑事責任が問われた裁判で、東京地裁の判決は無罪でした。あきれた国だと私は思います。私は彼らを犯罪者集団だと考え、最近は「原子力マフィア」と呼んでいます。彼らは全員服役しなければならないほどの犯罪を犯した、と私は思っています。

彼らはいま、マスコミや広告代理店を使って被曝安全神話を流し、教育現場では放射線副読本をつくって、被曝は怖くないと子どもたちに教え始めています。

(2)「見えない」ことと「ない」ことは違う

大量に被曝すれば人が死ぬことは、放射線が発見されてすぐにわかりました。しかし、人が死なない程度の被曝ではどうなるのか、長くわかりませんでした。それが広島、長崎の被爆者、原子力産業で働く労働者、そして医療現場などいろいろなデータが蓄積されて次第に、低い被曝でも危険だとわかってきました。

いま福島では、従来の医学常識を超える多数の子どもたちの甲状腺がんが観察されています。またそれ以外の多種類の被害が出ているという報告もあります。でも国やその周辺にいる学者たちは、統計学的に有意ではないから被曝とは関係ないとして無視する態度を、現在では取っています。

生きものは、原子が互いに手をつなぎ合って分子になることで命を支えています。原子が手をつなぎ合うときの力は「エレクトロンボルト（eV）」と呼ばれる単位の、非常に小さなエネルギーです。その小さなエネルギーで私たちの命は成り立っています。放射線は、数万～数百万エレクトロンボルトの猛烈なエネルギーの塊です。その被曝で傷を受けないような分子結合も細胞もないのです。

ですから私は、被曝をすればありとあらゆる病気が引き起こされると考えています。ただ、被曝しなくても病気はありますから、影響を見ることができないのです。しかし「見えない」からといって「ない」こととは違います。科学が進歩していけば、いずれ「この病気も被曝と関係があった」と順に明らかになっていくでしょう。それが科学だと私は確信しています。

(3)「復興」のかけ声のもとで

国は、放射線業務従事者にのみ許した年間20ミリシーベルトという被曝を、子どもたちを含む一般の人たちにも許容し、がまんして汚染地帯に帰れといっています。２０１７年3月には、曲がりなりにもあった住宅支援を切り捨てました。２０１９年3月には、延長していた支援も切り捨てました。これ以上の住宅補償はわがままだから倍の家賃を払え、と福島県はいい始めました。

棄てられてしまった人たちは、何をやっても国は聞かず、苦難に疲れ果て、あきらめて、もう汚染地で生きるしか道がないという状況に追い込まれています。そうなれば、もうそこを復興しようと考えるしかありません。そのためには放射能の汚染があることは忘れてしまいたいし、国は積極的に忘れてしまえといっています。そして幸か不幸か、放射能は五感に感じられません。

(4) 飯舘村を訪ねて

私は2018年9月、兵庫県保険医協会の人たちと福島県を訪ねました。飯舘村は自他ともに「日本一美しい山村」と認める美しい村でした。福島第一原発から30~45キロ離れ、事故当初は避難指示もありませんでしたが、事故から1か月後の4月11日、国から「計画的避難地域」に指定されて全村離村になりました。訪問した住宅の玄関や道路などは、放射線管理区域の基準（0・6マイクロシーベルト／h）を下回っていましたが、土がむき出しの場所や草地などに入ると、1マイクロシーベルト／hを超える放射線量率がそこかしこで計測されました。放射能は目に見えません。きれいな自然が広がっているとしか見えない場所にも、放射能は厳然と存在しています。

飯舘村には、あちこちに黒いフレコンバッグが山になっています。「除染」と称して住宅や道路などから集めた土が入った大きな袋です。しかし人間には放射能を消せませんから、厳密にいえば「除染」はできず、汚染の移動に過ぎません。したがって私は「移染」と呼んでいます。

いわきから相馬まで常磐自動車道を車で走りました。そこは「富岡以北、2輪車通行不可」「広野—南相馬まで0・1〜2・6マイクロシーベルト／h」という表示がある汚染地帯です。高架部分では低い線量率ですが、道路の両脇が山になっている場所ではたちまち0・6マイクロシーベルト／hを超えました。住民にとって、道路を使えれば助かります。しかしその道路は、本来なら一般の人は立ち入れないほどに放射線が飛び交っているのです。

白河市の原発災害情報センターでは、2011年6月10日に牛舎で自死した酪農家が書いた「原発さえなければ」という壁板が展示を待っていました。福島県内での原発関連死は2015年末ですでに2000人を超えました（2015年12月28日福島県発表）。

(5) 助け合って加害者とこそたたかうべき

復興したいと思う人たちが「汚染はない」「福島はきれいだ」といいたい気持ちを、私はよくわかります。逆に汚染があると口にすれば復興の邪魔だと怒られてしまう、そんな状態になっています。

強制避難させられた人、被害者です。汚染地に棄てられた人も被害者です。生活や家庭の崩壊を覚悟で自主的に避難している人も被害者です。さらにいえば、汚染された食べものは流通ルートに乗って流れています。それを知らずに食べている人たちも被害者だと思います。

大切なことは、汚染に目をつぶらず、被害者には多様な苦難があることを互いに認め合い、非難し合うのではなくて助け合って、こんな事故を起こした加害者とたたかうことだと、私は思います。

もちろん私も含め、この国で原子力の暴走を許した大人たち全員に責任があると思いますから、被害を受けた人たちに手を差しのべて、この苦難を乗り切るために力を尽くしたいと思っています。

2

原発事故後の2つの課題

国民の試練および放射線誘発甲状腺がん

福島市・医療生協わたり病院
齋藤　紀

被災者のいら立ちや口惜しさはどこからくるのか——。現地から国策の変動を見続けたこの9年間は濃密な時間でした。

日本の戦後史はいくつかの変容を抱えながらも、冷戦に突入したアメリカへの従属と、農村を犠牲にして零細中小企業を下請けとする急速な重化学工業化を基軸として展開されてきました。

そのなかで進められた日本列島原発化は、極東の地政学的状況と石油ショック後のエネルギー戦略の2つをふまえ、戦後の新たな強国化を意図したものでした。福島第一原発事故は、紛れもなくその底流から噴出してきたものといえます。

原発事故がもたらした2つの課題に言及したいと思います。

1 福島第一原発事故と国民の試練

(1) 国民の無限責任

2011年3月の原発事故直後から、経済産業省を含め原発を進めてきた財界中枢においては、1961年制定の「原子力損害賠償法」(原賠法)の改正が焦眉のこととなりました。原発事故は起こらないといい続けていたわけですから、「無過失・無限責任(過失の有無にかかわらず企業の賠償額は上限なし)」の原則のままでは危機に瀕するのが明らかでした。

2015年5月に始まる「原賠法改正」の専門家会議では、企業側の要求であった賠償有限化が画策されますが、すでに「原子力損害賠償・廃炉等支援機構」を通じ膨大な国民負担(8兆円)が発生している状況で、報告書は賠償有限化を明文化できず、企業の「無限責任」を残したまま終結しました(2018年8月)。現在、賠償を含む原発事故の処理費用は、国が予測した21・5兆円を大きく超えると見られています。途方もないその額は「原賠法」の約束を果てしなく虚構とさせるのに十分です。

他方「原子力損害賠償・廃炉支援機構」は、被災者・被災地の救済・賠償費用と廃炉費用を一体として国庫(血税)から引き出し、東京電力における原賠法上の「無限責任」を、見事に全国民の「無限責任」へと転化させました。一度も選挙の争点にならずにです。

(2)「原子力規制委員会」の本質的役割

2012年5月5日、わが国の原子炉はすべて停止しました。しかし間髪を入れずに同年9月19日「原子力規制委員会」（環境省外局）が発足、事故から2年4か月で「新規制基準」が施行され（2013年7月8日）、それによって16原発26基の再稼働が申請されたのです。

原子力規制委員会は「規制」の名で「推進」を図るという、事故直後に批判された「規制と促進の一体化」に勝るとも劣らない強力な決定機関として登場しました。ここには、国と財界・金融中枢のある種不退転の決意が見えます。福島第一原発事故は、国策中の国策に不穏な傷をつけたからです。

原子力規制委員会の正体が見えたのは、弊履《へいり》を捨つるがごとく、老朽原発廃炉基準の「原則40年」を破る姿からでした。2016年6月20日に関電・高浜原発1、2号機、2016年8月3日に関電・美浜原発3号機、2018年11月7日に日本原電・東海第二原発と矢継ぎ早に、それぞれ最長20年の稼働延長を認可しました。

それは、2030年時点の原子力発電のエネルギー構成比を20～22%とした国の方針の維持が、申請原発すべてを稼働しなければ不可能だったから、ともいえます（大島堅一論文「経済」2016年8月号）。東海第二原発に至ってはひどいものです。老朽原発、被災原発であることに加えて、周辺30㎞圏内住民96万人の避難が不可能なことは自明のことでした（福島での避難指示約15万人）。

ここから浮かび上がるのは、再稼働基準における「安全性」は、事故が生じたときの住民の安全を担保したものでは決してないことです。IAEA（国際原子力機関）はすでに1996年以降、過酷事故発生による放射性物質の環境流出を想定し、いわば「事故は起こり得る」として、少なくともその場合の住民の安全確保を重視する方向に舵を切っています（深層防護の第5層）。チェルノブイリ事故から引き出した教訓でした。

翻って、「原子力規制委員会」の本質的役割が日本独自の再稼働促進化にあることは、国民の目にも明らかになってきたといえます。被災者と市民はどのように対抗してきたか。

(3) 原発避難者訴訟と原発再稼働差止め訴訟

第一原発事故後、2つの司法闘争――原発避難者訴訟と原発再稼働差止め訴訟とが続いています。この2つは相互に関連し、過去を未来につなごうとしています。

避難者訴訟は原子炉の安全神話と過酷事故発生の起因関係を確定させることをもとめ、再稼働差止め訴訟は、新たな安全神話をただし、原発事故をなくすため再生可能エネルギーへの転換を促し続けています。避難者訴訟は18都道府県の20地裁・支部におよび、差止め訴訟は11自治体にまたがっています。この両輪は被災者・市民の未来と良心をかけた大闘争です。

2014年5月21日、大飯3、4号機差止め訴訟で原告勝訴を命じた福井地裁判決は原子力規制委員会の判断と対峙する司法の役割にふれました。「原子力規制委員会による新規制基準への適合性の審査の適否という観点からではなく、安全性に基づく裁判所の判断が及ぼされるべき」としたのでした。これまでの原発訴訟は、時に住民寄りの判断が示されたとしても上級審で息を止められた歴史といえます。福井地裁判決は、安全の基準を「原子力規制委員会による……審査の適否」ではなくと述べ、どのように息が止められてきたのか、旧弊の所在を示したのでした。

他方、原発避難者訴訟は、2020年3月13日時点で15の地裁判決が示されています。いずれも東電の責任を認め、国を被告とした11の地裁では7地裁で国の不作為の責任を認めました。事故前の司法が仮死状態であったことを思えば、賠償額の評価に課題は残るとしても、巨大な前進です。そして、2020年3月12日の仙台高裁で出された原告勝訴の判決は、地裁判決の流れをより強固なものにしたといえます。

福島第一原発事故は、避難者のなかから2000人を超す原発事故関連死（避難者の約2％）と100名余の原発事故関連自殺を生みました。避難後の時間とともに生まれたのです。岩手県、宮城県の避難者と比較して、福島県の避難者に極めて特徴的な増加でした。

ものを産み、ものをつなぎ、ものに生かされてきた地域（ふるさと）が被ばくしたとき、人はふるさとを失い、律動を失い自壊します。私たちは初めて、広範囲の放射線事故が人間社会のどこをどのように撃つのかを学んだのでした。

2 福島第一原発事故と放射線誘発甲状腺がん

福島第一原発事故は日本の政治史のなかにあるとともに、放射線被ばくによる甲状腺がんの疾病史のなかにもあります。

放射線と甲状腺がんの起因関係史は、歴史的には1945年の原爆被爆がありますが、医療被ばく甲状腺がんについては胸腺腫治療後のDuffyらの報告に始まります（Cancer 1950）。原爆被爆も含めて外部被ばく甲状腺がんの集大成は、子ども甲状腺がん473例をまとめたRonらの報告です（Radiat Res 1995）。

これに続くのが、放射性ヨウ素内部被ばく甲状腺がんに関するチェルノブイリ事故の報告です。Cardisらはベラルーシとロシアの15歳未満の子どもの過剰相対リスクを4・5／Gy（グレイ）と報告し（JNCI 2005）、Tronkoらはウクライナの18歳以下の子どもの過剰相対リスクを5・25／Gyと報告しました（JNCI 2006）。ちなみに原爆被爆者の15歳未満の子どもの過剰相対リスクは4・7／Gyと示されています（Ronら報告）。

これらの報告で最も重要なことは、甲状腺がん発症に関わる放射線被ばくのリスクが、きちんとした線量相関にあることでした。私は住民との対話のなかで、放射線被ばく甲状腺がん増加のリスク（過剰相対リスク）は1Gyで約5・0、すなわち甲状腺が放射性ヨウ素131を1Gy（1000ミリシーベルト）受けた場合、甲状腺がん発症のリスクは対照（一般国民）の500％増加（6倍）、100ミリシーベルトの場合は50％増加（1・5倍）、10ミリシーベルトで5％増加（1・05倍）となることを説明してきました。

福島第一原発事故による放射性ヨウ素131の甲状腺被ばく量の最大値は、1歳の子どもで約30ミリシーベルト（KimらJRR 2016）と推計されます。甲状腺被ばく量の推計はKimらの報告のみでなく、甲状腺の直接的計測に基づくTokonamiらの報告（Sci Rep 2012）、Hosodaらの報告（Environ inter 2013）、またフォールアウトの物理的計算から求めた城戸・今中らの報告（第14回環境放射線研究会、2013）、また尿から求めたKamadaらの報告（J Environ Radioact 2012）があります。いずれもほぼ同じ範囲の推計値でした。

子どもの甲状腺被ばく量を30ミリシーベルトとした場合、甲状腺がん発生率は15％の増加（1・15倍）になります。日本では毎年、子ども100万人のなかから3人の甲状腺がんが発症しています（がん登録）。

したがって、福島の子どもの場合は１００万人中３・45人（１・15倍）に増加することになります。

しかし私は、この０・45人の増加（１人以下の増加）は、実地臨床のなかでは捉えることができないことも述べてきました。またここで30ミリシーベルトという場合、それは全県の子どもたちがおしなべて30ミリシーベルト被ばくするとした場合ですが、それはあり得ません。実際の被ばく線量に基づけば、実人数としての増加リスクはいっそう見えなくなります。

そのため私は、今回の事故での甲状腺がんのリスクは、これまでの自然発生性のレベル（１００万人中３人）のなかに埋もれる、と表現してきました。

先に、福島第一原発事故は放射線被ばくと甲状腺がんの起因関係史のなかにもあると述べました。つまり１９８６年のチェルノブイリ事故の悲劇を受け止め、福島の子どもたちに甲状腺がん増加の蓋然性を懸念したことは自然なことでした。また、これまで子どもたちの甲状腺エコー検診の知見が基本的になかったために、得られた発見率から甲状腺がん増加を懸念する主張が、いく通りにもなされてきました。これも踏むべき当然の試行錯誤でした。

しかし、いくつもの手法で追究された甲状腺被ばく線量の推計がほぼ同様の範囲に示され、国際的にもその信頼性が認知されてきたこと、また福島における甲状腺がん発見率も、全国のがん登録の数値からradiation-freeのモデルを使って予測可能であること（Takahashiら、Medicine ２０１７）などの指摘も出てきました。

このような状況のもと、リスク評価の基本（線量相関性）を踏まえて福島の子どもたちのリスクを理解すれば、それは甲状腺がんの自然発生性のなかに埋もれるといわざるを得ません。これから生きる子どもたちを医学的に問題視し調査対象化する社会的理由は、もはやありません。少なくとも、放射線誘発甲状腺がん増加を懸念して開始された甲状腺エコー検査の役割は終えたと思います。

甲状腺エコー検査技術が医療に導入されて40年、そのなかで子どもたちの甲状腺エコー検診が必要とされていなかった理由をもう一度理解し、その状態に立ち返るべきといえます。過剰診断—過剰治療の回避が自然に行われることも自明なことです。

3 市民一人ひとりのまなざしの透徹さこそ

福島第一原発事故は、地震列島・火山列島という地質学的弱点を軽視し、原発列島化ともいえる激しい原発立地の国策のなかから、必然的に発生したものでした。強い国づくりは極めて危うい国づくりへと暗転していました。

10年目に入り、現下、福島は世界でもっとも危険な原子炉（破壊原子炉）をかかえ、現下、福島の農業はなお東電と賠償交渉を続け、現下、福島の漁業は新たに仕掛けられた「処理水海洋放出問題」と直面しています。歴史の歯車は日々音を立てて回転しています。市民一人ひとりのまなざしの透徹さこそが求められています。

３　世界史的災害からの世界史的復興を成し遂げたい

前南相馬市長　桜井勝延

１　東日本大震災の現実のなかで

私は２０１０年１月29日に南相馬市長に就任しました。翌２０１１年３月11日、東日本大震災が発生しました。マグニチュード９・０、震度６弱の地震でした。

あの日は公立中学校の卒業式でした。私は市内の中学校で卒業生と保護者に祝辞を述べました。その後の大地震の発生と大津波で、卒業生も自宅で犠牲になりました。一時は２５００人が行方不明との情報もありました。６３６人が犠牲になり、１１１人はまだ遺体も見つかっていません。

12日午後３時過ぎ、東京電力福島第一原子力発電所で爆発事故が発生しました。災害対策本部会議中に警察情報としてもたらされ、防災無線で市民に屋内退避を呼びかけましたが、情報は混乱しました。午後５時過ぎのテレビで第一原発１号機の建屋が吹き飛んだ映像を確認し、市民に屋内退避を指示しました。12日の夕方から20キロ圏内の市民１万４０００人に圏外への避難を誘導しました。一夜の避難誘導は困難を極めました。

15日、政府から30キロ圏内の市民に屋内退避指示が出ました。警察が30キロ圏境にバリケードを築いて人が入れなくなり、南相馬市は陸の孤島と化しました。16日の朝、ＮＨＫの電話インタビューを見た新潟県泉田裕彦知事から、南相馬市民全員を新潟県が受け入れるとの電話が入りました。17日から南相馬市のバス会社の協力や東京都杉並区、片品村、取手市、長野県飯田市などからバスによる避難支援があり、20日までの4日間、避難所から新潟県方面などへの避難誘導を行いました。

22日、東京電力から初めて市に連絡がありました。政府からは18日に防災担当大臣が訪れ市内の病院の入院患者を視察、19日から国による病院などからの避難誘導が始まりました。

原発事故の避難者数は６万３０００人にもおよびました。うち現在までに５１６人が災害関連死の認定をされています。津波の被災者６３６人は福島県で最多、災害関連死者数は日本で最多です。

2 原発事故による市の分断

原発事故後、南相馬市は20キロ、30キロ、30キロ外と分断され、4月22日にはさらに警戒区域、緊急時避難準備区域、計画的避難区域、それ以外の地域、6月には特定避難勧奨地点が設定され、分断はさらに深まりました。

3月24日の夜、私は動画投稿サイトで市の窮状を訴えました。3月12日以降日本のマスコミが立ち去った南相馬市に、動画発信後は世界中のジャーナリストたちが、タイベックスーツを着て放射線量計を身につけて次々と来ました。対照的で、日本のマスコミの本質を垣間見た思いがしました。

物資が入らず、津波犠牲者の遺体の火葬、埋葬も困難を極めました。病院では酸素不足、重油不足が深刻化。市長はそれらの対応で、物資の確保や人命の救助に判断を強いられ続けました。加えて日本中に避難した市民からの昼夜を問わない問い合わせがあり、怒りや不満をぶつけられる毎日でした。

その一方、世界史的災害から市の再興のため「心ひとつに、世界に誇る南相馬市の再興を！」をスローガンに、復興に向けて舵を切りました。

3 放射能除染と南相馬市の再興に向けて

市内全体に振りまかれた放射能の除染は、市民が安心して帰還するための最重要課題です。5月から、東京大学の児玉龍彦教授の指導のもとで除染を始めました。7～8月にかけて市内の小・中学校、公共施設などで市独自に開始し、9月の夏休み終了までに20キロ圏外の除染を終えました。9月30日に政府と協力し緊急時避難準備区域を解除。10月以降、高校、小・中学校を再開しました。

国は11月にようやく放射性物質の除染のガイドラインを示し、自治体に避難計画の策定を指示しました。除染廃棄物の仮置場の確保は困難の連続でした。住民からの反対も相次ぎ、根気強く説得して仮置き場を設置し、除染を開始しました。２０１２年4月16日に警戒区域を解除し小高区役所を再開、20キロ圏内立ち入り禁止区域の除染や自宅の片付けを開始しました。

警戒区域解除の住民説明会では「解除は時期尚早」「反対」「許さない」などの厳しい意見を浴びました。

私は「いま手をつけなければいつまでも帰還することはできない」と応じました。

4 世界史的災害のなかで考えたこと

私は、東日本大震災と東電福島第一原発事故は世界史的災害だと考えていました。世界史的復興を成し遂げなければなりません。2011年5月5日には2回目の動画発信を考えていました。原発事故で汚染されたフィールドは世界史的研究ができる場所で、世界中の研究者を南相馬市に集め、世界史的課題のなか、世界史的研究をしてもらい、世界史的復興をと考えました。しかし、職員たちの猛反発で断念しました。大きな機会を失いました。

世界史的災害のなかで、この災害対応と復興は歴史的な使命であり、南相馬市長として世界史的災害の現場で指揮をとることは、私に与えられた責務だと感じていました。

5 人がいなくなった街の再生への挑戦

市の人口は激減し、街中には人影がなくなりました。放射能だらけの街をどう再生するのか――。除染して放射線量を下げ、水を検査し、農産物を検査し、大気中の放射能を検査する、内部被曝検査、外部被曝検査をするなど、放射能汚染から生活を取り戻すために可能な限りのことをしました。すべての世帯を除染し、緊急時避難準備区域を解除し、学校を再開し、応急仮設住宅を増設する、避難した市民が市内で生活できるようにする、それら一つひとつが街の再生の取り組みです。

1年後、居住人口は4万人まで回復しました。しかし9年が経つ現在、居住人口は5万4000人です。子どもたち、子育て世代の人たちはまだまだ市内に帰還していません。いまだ1万4000人以上の働く世代の人たちの労働力不足が続いています。女性が必要な職場に女性が戻れていません。医療福祉、介護の現場に、パート労働者の人が足りません。これが原発事故の現実です。

この現実を変化させ街を再生するためには、放射能汚染と風評被害を払拭し、戻れない市民だけでなく、新しい人たちが南相馬市に来ることが可能な環境をつくらなければなりません。

新しい街づくり、新しい人たちを南相馬市に迎えるための新しい挑戦――日本のどこでもやっていないこと、世界中に発信できることをしよう。津波で破壊された地域に太陽光発電を始めよう。津波で破壊された地域に風力発電をしよう。再生可能エネルギーだけで賄う街にしよう。津波で破壊された地域を新しい取り組み可能な地域にしよう、と考えました。

6 負の妖怪から正の妖怪へ、ロボットのまち南相馬市をつくろう

国に働きかけ、県に働きかけ、霞ヶ関に足を運んで協力を仰ぎました。放射能の風評という負の妖怪から、ロボットのまち南相馬市を実現して正の妖怪を育てよう。南相馬市をロボット開発の最前線基地にしよう、と取り組んできました。その結果、2020年3月に南相馬市にロボットテストフィールドが完成しました。8月にはワールドロボットサミットが南相馬市で開催されます。南相馬市にロボット実証実験に訪れる研究

者が3年前から年々増加し1万人を超えます。

新しい人たちが南相馬市に来る環境が整いつつあります。新しい挑戦は始まったばかりです。新しい挑戦を続けることが南相馬市の再興につながることを信じて、世界史的災害から世界史的復興を成し遂げようと考えています。

4 東日本大震災・原発事故を乗り越えて

看護管理者としての軌跡

南相馬市・医療法人社団青空会 大町病院看護部長
藤原珠世

1 発災直後から全患者避難

2011年3月11日14時46分、大きな地鳴りとともに震度6弱の地震が発生、2度の大きな揺れに襲われました。病院建物や診療に大きなトラブルはありませんでしたが、40分後に大津波が押し寄せて系列の介護老人保健施設が被害を受け、多くの利用者と地域の被災者の診療が夜中まで続きました。

翌日が東京電力福島第一原子力発電所の事故で、浪江町、小高区在住のスタッフが避難を余儀なくされました。15日からは屋内退避となり、対象地域に居住する職員も避難したため、入院患者120人をケアする看護師は17人になりました。見えない放射線への不安は不満となり、残された看護師は「白衣の天使」にはなり切れませんでした。正確な報道がされないなかで孤立していき、食糧・医薬品が不足して十分な医療が提供できないことや自身の家族への思いで葛藤する日々でした。

3月19日に患者の搬送が始まり21日に終了。院長の「一旦閉院するが、放射線の動向を見すえて再開したい」との話に、責任を果たした安堵感で残った看護師と涙しました。

2 地域に求められる医療再開

3月28日、院長から「4月4日から外来再開」と発表があり準備が始まりました。この時期の南相馬市は人口が1万5000人に激減し、街並みは閑散としていましたが、4月4日の外来には129人が来院しました。慢性疾患はもちろん、消化器症状や整形外科系の痛みを増した患者の姿が多く見られました。久し振りに見る人たちの笑顔に、地域に求められる病院としての誇りを感じました。

入院を必要とする患者のために病棟も再開しました。当時、原発再爆発の恐れがあったため、入院患者は5人まで、入院期間は3日（72時間）までという縛りがありました。そのなかでできる看護の実践を、スタッフと協力して行いました。その後は緊急時避難準備区域、準備区域解除と規制解除にもとづき、病床を広げて地域に求められる医療を展開しました。

大震災から1年目を迎えた2012年3月10日、介護老人保健施設の跡地で「鎮魂際」を行いました。亡くなった36人の御霊に鎮魂の花火を打ち上げ、院長が介護老人保健施設の再開を約束しました。

3 看護管理者としての覚悟——人材確保、定着、育成、組織の確立

残った看護師、復職看護師、支援看護師、新人看護師とさまざまな形で働く看護師を統括するには、看護管理者としての未熟さを痛感させられました。そこで、自分自身が看護管理者としての知識を身につけ、め

ざす看護を展開できる知識を得るために、２０１３年、２０１４年と認定看護管理者セカンドレベル教育課程、サードレベル教育課程に臨み「認定看護管理者」の資格に挑戦しました。課題は「働き続けられる職場づくり」として、基準手順作成、管理者育成に取り組みました。

その結果、目標管理の実践となり、看護師確保定着はもとより教育体系の確立にもつながりました。２０１９年度の離職率は7％と、前年度の11％から大幅に下がりました。２０１９年9月からさらに1病床を再開し、現在の平均入院患者１３２人にまで拡大することができました。

4 復興の証し――ヨッシーランド・双葉准看護学院再開

原発事故後休校していた公立双葉准看護学院が２０１７年4月、南相馬市内の仮設校舎で再開しました。同年11月には医療法人慈誠会介護老人保健施設ヨッシーランドが再開されました。2つの再開はまさに「震災原発事故からの復興の証し」です。

看護補助者から同学院に毎年３人を送り出すことを目標にしました。さらに同学院の実習を受け入れ、授業講師としても参加したことは、病院看護部の資質の向上につながりました。２０１９年4月から准看護師として３人が働き始め、２０２０年は再開2年目の学生が5人就職しました。

ヨッシーランドとは協力病院としての連携を保ちながら、地域医療確保に努めています。

5 南相馬はひとつ――地域医療確保は看護部長会（ＭＮＤＣ）で

２０２５年問題が10年前倒しで到来した南相馬の課題は「看護師確保と育成」として、地域の５病院の看護部長と「南相馬看護管理者会議（ＭＮＤＣ）」を立ち上げました。内規を決め、福島県人材確保対策室や南相馬市健康づくり課と連携しながら活動を始めました。県の補助金を活用し、東京街宣活動や他県学校訪問、病院間の人事交流を行い、それぞれ看護のスキルアップを行いました。

これはそれぞれの病院で離職率の低下、看護師増、入院病床拡大となり、地域医療の確保になりました。また、行政とともに国会議員をも動かし、復興庁の「復興創生期間」が２０２１年3月で終了するところ、一部延長されることになり、補助金も引き続き受けられる見込みとなりました。

6 未来に向かって

震災から10年を前にした南相馬市の課題は、「医療の質の確保」です。医師不足、看護師不足はもとよりコメディカルも不足しています。特に生産人口が大幅に減り、地域の高校2校が合併する見込みです。高齢化率が42％となり、「地域包括ケアシステム」構築が整わないなかで認知症高齢者が増えています。病院では急性期医療と慢性期医療を展開していますが、認知症対応・廃用症候群対応に追われ、看護のスキルアップが求められています。

２０２０年度の病院目標は医療の質の向上として、多職種協働を立ち上げました。看護部と事務をはじめ他部門とのコラボレーションで、働き続けられる職場環境の醸成を計画しました。

5年後の病院新築計画の実現は、南相馬における未来の地域医療の保証につながります。職員が働き続けられる職場を提供し、若いスタッフが希望をもてる地域にしていきたいと思います。それが、大震災を経験し、原発に依存して崩壊を招いた地域での、私たちの役割です。

今後は、看護管理者として災害看護を通して実践してきたことを、全国各地で起きている災害からの復興に活かせるように努めていきたいと考えています。

5 東日本大震災後のメンタルヘルス
健康影響のデータを取り続けるべき

南相馬市・ほりメンタルクリニック院長　堀　有伸

2011年に東日本大震災、東京電力福島第一原子力発電所事故が起きたときは、本当に強い衝撃を受けました。特に原発事故については、「日本社会の構造的な問題」が表面化した事態で、このことに対して真剣な対処ができなければ日本の将来を悲観せざるをえない、とまで考えました。

私は東京出身ですが、2012年4月に福島県南相馬市に移住し、震災で休業していた地元の精神科病院の再開を手伝った後、2016年に同市内でクリニックを開業しました。

1 東日本大震災の死者と避難者

東日本大震災でまず押さえておくべき数字は、死者数だと思います。

直接死は1万5893人です。ほとんどが津波による被害です。宮城県が最大で9540人、岩手県4673人、福島県は1613人です。南相馬市では津波だけで588人が亡くなっています。

震災関連死が3723人です。宮城県928人、岩手県467人に対して、福島県は2272人、南相馬市だけでも５１３人です。この数は原発事故の影響だと思います。
避難者は、２０１６年時点で県内避難者14万７７７２人、県外避難者は４万８３０２人です。県外避難者のうち４万９８２人を福島県が占めています。

避難指示は、福島第一原発から20㎞圏内が「警戒区域」で、全員が強制避難です。20～30㎞が「緊急時避難準備区域」です。子ども、妊婦、要介護者、入院患者など自力で逃げられない人は避難対象で、２０１１年秋頃まで続きました。また、風向きの関係で放射線量が高くなった飯舘村などは「計画的避難区域」とされ、20㎞圏内と同様の扱いで強制避難になりました（図１）。

「計画的避難区域」が設定されたのは、東日本大震災から１か月以上たった４月20日頃でした。そのため、情報開示に不満をもっている人がたくさんいます。避難の指示が出たときに、放射線量が高い飯舘村や浪江町の津島地区のほうに避難した結果、初期被曝が多くなった人たちもいたからです。

南相馬市で私がいま住んでいるのは20～30㎞圏で緊急時避難準備区域だったところですが、最初は「屋内待機」という指示が出ました。すると屋外は危険な場所だからと、食べものもガソリンも半年くらいまったく入って来なくなりました。

病院や老人保健施設では、突然のことで準備もないまま入院患者らをバタバタと移しました。この移動によって死亡率

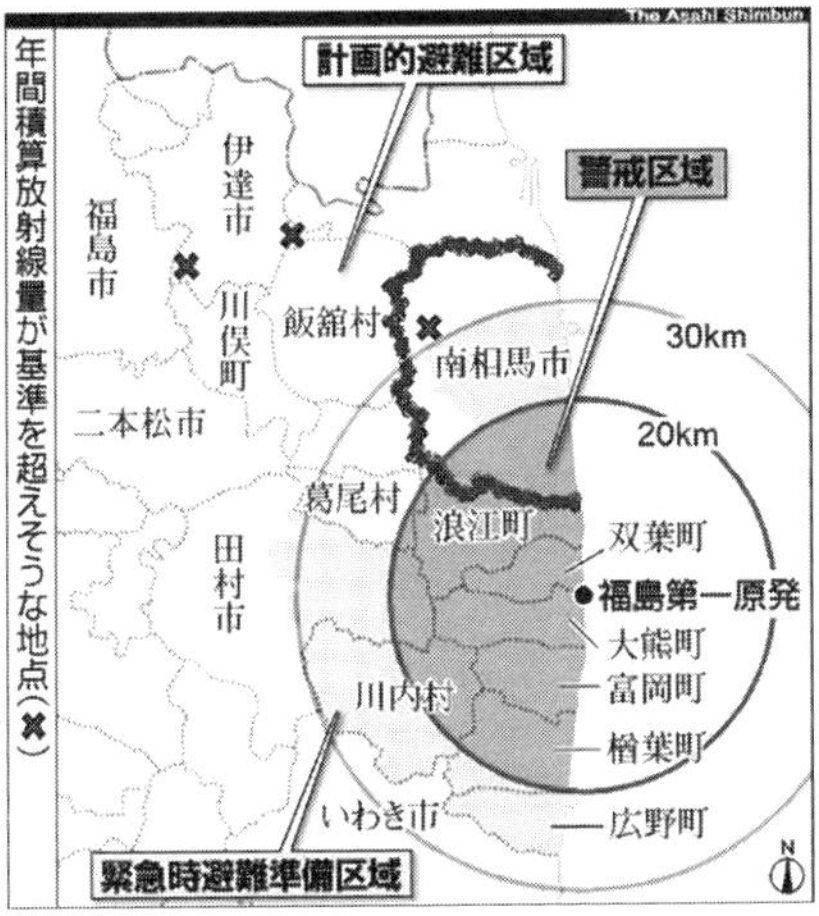

図１　避難指示とその区域（「朝日新聞」2011年６月６日付に一部加工）

が上がったことも報告されています。

2 地域の分断と生活再建の遅れ

原発事故に伴う大きな問題として、深刻な分断が地域社会にもたらされ、生活再建も非常に進みにくい条件が大きくなっています。

たとえば、海沿いの地域では津波だけで500人以上が亡くなっていますが、山側の人たちは津波のことを全然知りません。その一方、避難区域を除けば海沿いは放射線量が低く、山側は高いので、災害体験の内容が違うのです。

また20㎞圏内、30㎞圏内、その外側で、もらっている賠償金が数千万円、数百万円、数万円と桁違いです。すると、仮設住宅に避難した人たちのなかでも「この人はお金をもらったみたい」という目で見ることになり、心を一つにしてがんばろうとはなりにくいのです。

これは人間の弱いところでもあり、そばで経験していて、原発事故の非常にきびしい側面の1つだと考えています。

精神科医として見ると、普通に生活している人が、震災後に不安になったり葛藤したりしながら、無理をしてがんばっているのを感じます。

放射線の影響で自分はどうなってしまうのか……。住んでいる人にとっては、出てしまった放射線の影響と、残っている原発の廃炉が安全に進むかどうかは別問題で、別々に判断していかなければいけません。

また、地域の経済や農業、漁業は大変です。医療も大変です。実は私も開業するときコンサルタントに相談しましたが、「人口が減っていますから、きびしいですよ」といわれました。急激な人口減は地域経済に大きく影響します。

避難を続けている人は生活が大変です。地域や家庭内で、いろいろなことについて考え方、見解の違いが出ます。心理的には喪失体験や自己評価も下がります。社会的な権威に対しての信頼感も低下すると思います。

そういうなかで地域の課題が一気に表面化します。顕著なのは高齢化の急速な進行でした。やはりお年寄りは放射線の心配があっても残りたい。しかし小さい子どもがいる家庭は避難したい。結果的に、若い現役世代がゴソッと抜けてお年寄りが残るわけです。

実人口ベースで南相馬市の65歳以上の高齢化率は、2011（平成23）年3月10日の25・9％から3年ほどで33・2％に一気に上がりました。その結果、介護施設を回せなくなりました。老人保健施設や老人ホームがあっても1フロアは閉じているとか、そんなところばかりです。介護施設では介護スタッフが過労で、うつ症状が心配になります。

3 あいまいな喪失

(1) どうすることもできない無力感

心理学や精神医学では「あいまいな喪失」ということが注目されています。自分が大事にしていたものを、なくしたのかなくしていないのか判断しようがない、という状況が生まれるのです。たとえば、家を新築した直後に原発事故が起きて「放射線量が高いから住んではいけない」といわれたけれども、「そのままそこにある」ということもあるわけです。

こういう状況については、ベトナム戦争で行方不明になったアメリカ兵の家族に関する1975年の研究があります。ほかのいい男性が現れても、再婚していいのかどうかわからない。亡くなったものとして悼むのか、希望をつないで待ち続けなければいけないのか、判断できないという状況です。

それは、原発事故で避難しているその避難先で新しい生活をつくったら故郷への裏切りになるのではないか、そんな意識を象徴しています。

このどうすることもできない無力感が生活全般に広がり、前向きに生きていけなくなります。思い切り悲しんだり嘆いたりすることもできません。中途半端にダラダラしたり、緊張感や中途半端な重みがずっと続いたりして、それが発散できないまま、いろいろな抑うつや不安、身体症状が表れます。

(2) 日本社会のイメージの喪失

避難指示は、2015（平成27）9月に楢葉町で、2016（平成28）年6月に川内村、葛尾村で、同年7月に南相馬市小高区で、さらに2017（平成29）年3月に浪江町で、同年4月に富岡町、飯舘村で、それぞれ解除されました。

仮設住宅の使用期限は最初2年でしたがズルズル延びて、その期限に合わせて避難指示も解除されたということになっています。

除染は一生懸命しているので、人がたくさんいる場所の放射線量はある程度下がっています。しかし、本当に大丈夫かというところもあります。商店や病院などは足りません。地域社会の結びつきが少ないまま、避難指示だけ解除している面があるように思います。

地元の熱心な人は、早く戻りたいのです。故郷のお墓参りをしないといけないという思いも強いものがあります。私のような人間が「解除は早過ぎる。病院も足りない。まだ、やたらに戻るのを受け入れるべきではない。いくらなんでも推定される年間積算線量が20ミリシーベルト以下はゆるすぎる」と思っても、聞き入れられません。

早く戻りたい気持ちも本当にわかります。戻ることは悲願です。そこを否定することはアイデンティティの否定にも近い。そのなかでどうバランスを取って、どういう立ち位置に自分を置こうか、どういう発言をしようかと、迷いながら過ごしています。

本格的な解除の前の2012年4月、警戒区域で一時立ち入りが許可されたことがありました。そのとき避難先から自宅に戻り、その荒れ果てた姿を悲観して自殺した人もいました。

エストニアでは、チェルノブイリの原発事故の疫学的な研究のために5000人ほどの原発作業員のコホート（集団）をつくって、最近に至るまでデータを取り続けています。それによると、チェルノブイリの事故から20年たってもPTSDの割合が高いようです。誰が見ても文句のない科学的なデータが取れるような仕組みをつくっているわけです。

日本ではそういう形でデータを取っていません。やはり日本も、千人単位、万人単位で10年、20年、30年の健康影響がきちんと示せる研究データを取っていくことが必要ではないかと思います。

ひょっとしたら、原発事故は日本人全員にとっての「あいまいな喪失」かもしれません。原発事故は日本人全部を巻き込みましたから、優秀、正確、正直、豊かだと考えて信頼していた日本社会のイメージが、これを機に揺らいでしまった可能性があります。私は原発事故が起きるまですっかり安全だと信じていた口なので、この事故で日本のイメージを喪失したようなところがあります。その点、見識が足りなかったと思います。

(3) 日本的ナルシシズム

もし原発事故の原因的なものを追求するとしたら、私は「日本的ナルシシズム」が大きかったと思います。津波によって原発に事故が起きる可能性は、震災前から指摘されていました。国会事故調のレポートは次のように述べています。

「学会等で津波に関する新しい知見が出された場合、本来ならば、リスクの発生可能性が高まったものと理解されるはずであるが、東電の場合は、リスクの発生可能性ではなく、リスクの経営に対する影響度が大きくなったものと理解されてきた。このことは、シビアアクシデントによって周辺住民の健康等に影響を与えること自体をリスクとして捉えるのではなく、

表1　震災関連自殺

	全国	岩手県	宮城県	福島県
2011年	55	17	22	10
2012年	24	8	3	13
2013年	38	4	10	23
2014年	22	3	4	15
2015年	23	3	1	19
2016年	21	6	8	7
2017年(8月まで)	17	3	4	10

対策を講じたり、既設炉を停止したり、訴訟上不利になったりすることをリスクとして捉えていたことを意味する」（東京電力福島原子力発電所事故調査委員会「国会事故調 報告書」）

要するに東京電力は、津波対策で予算を使えば経営状態が悪化すると考えたのです。一方で東北電力は女川原発について同様の指摘を受け、堤防を高くしていました。

つまり、想像力や他者への共感が失われ、狭い人間関係のなかで評価されることが突出して重要になっているのではないか。これは私たちの弱点なのではないかと思います。

また政治学者の藤田省三氏は、公と私が対立せずに「ズルズルベッタリ」に結びついていると指摘し、「ズルズルベッタリ主義的な精神態度や運動の方針を止めさせることが重要」と述べています。

原発の電気業者と検証する委員会が対立しないところなどを、まずきちんと切断することが大事ではないか思います。

(4) 不安がもたらすスケープゴート現象

切断できない社会の表れの1つが、不安がもたらすスケープゴート（生け贄）現象かと思います。２０１６（平成28）年に、福島から横浜に避難していた中学生がいじめられていたことが報道され、次のような生徒の手記も公開されました。

「ばいしょう金あるだろと言われむかつくし、ていこうできなかったのもくやしい」

「ばいきんあつかいされて、ほうしゃのうだとおもっていつもつらかった。福島の人はいじめられるとおもった。なにもていこうできなかった」

「いままでなんかいも死のうとおもった。でも、しんさいでいっぱい死んだからつらいけどぼくはいきるときめた」

（「神奈川新聞」２０１６年11月16日付より）

原発事故に関する諸々は日本全部、ひょっとしたら世界に広がる課題かもしれませんが、こういう意見が出るときは、日本人一人ひとりがそれを担わず、福島県の現地や避難している子どもに押しつけているような構造にも見えます。

震災後、私は福島に行ってショックを受けました。原発の職員や関連企業の人たちは、事故が起きたときに命がけで収束作業をしていたのです。その後もさんざん叩かれながら取り組んでいます。私は仕事で何回かそこを訪れたことがありますが、「地域全部にご迷惑をおかけして申し訳ない。苦しい」と、泣きそうになりながら働いていました。

東京電力の関係者で自殺した人も知っています。自身も避難生活をしている社員は、苦情電話を受ける係になって「おまえみたいなやつに被災者の気持ちがわかるか」などといわれるそうです。「『自分もそうだ』というわけにはいかない。もしいったら、東電はそういう人間を盾にしているといわれるから」と話していました。

また、東京電力や自治体の職員のなかには、市民からの強すぎるクレームでうつになったり具合が悪くなったりしている人も、私は診ています。是々非々で判断を積み重ねていくことが大事ではないかと思います。

東京電力についても私のなかでは、現地で働いている関係者と、経営判断している東京本社の人たちとは、評価が分かれます。現地で働いている人は危機を救ってもらった恩人という気持ちですが、本社はどうかと思うことがあります。

最近はＡＤＲ（裁判外紛争解決手続）という紛争解決方法がありますが、このＡＤＲが「和解してこういうふうな支払いにしなさい」と示した和解案を、東京電力が拒否する事例が増加しています。以前は何があっても全部受け入れるという姿勢も見られましたが、どこかの時点から変わってきたように思います。

4　反原発運動も検証が必要

私は原発事故について、国や東京電力に対して批判的な考えを持っています。しかし原発事故の影響が大きかった土地に暮らして、地元の人々の立場や考えについてもある程度理解できるようになりました。そして私が強く感じたのは、一部の反原発運動の人たちが示した、この地域に対する「冷たさ」でした。ですから、攻撃する意図ではないことを前提にした上で、私は反原発運動についても検証が必要と考えています。

原発事故は、まかり間違えばもっとたくさんの放射線量が出た可能性はあったと思いますが、地元の人のがんばりや風向きなどの条件もあって、直接的な健康被害は少ないだろうというデータがいろいろ出て、私は信用しています。

事故の被害を大きく見積もり、原発反対の主張の説得力を増すことにつなげたい人々がいることは頭では理解できます。しかしそこで話題とされている土地は、実際に人が生活して希望を紡ごうとしている場所なのです。そのような場所の危険性を強調し、そこに暮らそうとすることを愚かであり倫理的にも悪であると断罪するような内容を語り続ける人々を、その土地に暮らす人々はどのように感じるでしょうか。

あまりいい過ぎると「科学的なデータを全部無視しているから、反原発の人のいうことは無視していい」というような論拠を、政府や東電の人に与えているようにも思えます。また、地元には「反原発運動嫌い」な人がけっこう多いのです。

つまり、必死で自分の故郷に戻ろうとしたり、農産物や海産物などが売れるようにしようと思っているけれども、それを全否定して、そうすること自体が資本主義に取り込まれて自発性を失っているかのような言い方をされると、すごく反発したり傷ついたりするのです。

半分福島県人の私としては、外の人たちはそのあたりにも気配りしながら、もう少しうまくやっていただけませんか、という気持ちがあります。実際、「相手がどのような考えかがわかるまでは、うかつなことを口にすることができない」と思っている人は少なくありません。

確かに、原発が立地している場所が、原発の利権に絡め取られているという面があるでしょう。しかし都市で暮らす人々は、原発の恩恵を受けていなかったのでしょうか。

私は冒頭で、日本社会の「構造的な問題」という言葉を使いました。いまでも、これを乗り越えていくことが最重要の社会的な課題だと思っています。

時に対立することがあっても、それぞれの立場の人が、ともに同じ社会の未来をつくるために努力していることをお互いに認め合って進んでいくことができる、そのような状況が生じることを願っています。

6 原発事故「避難指示のみずぎわ」診療所での9年

福島市・生協いいの診療所　松本　純

私が勤務する生協いいの診療所は、福島県福島市の東端、飯野町にあります。浜通りの福島第一原発との間にはいくつもの山や谷があり遠い存在と思っていましたが、直線距離では意外に近くて北西51キロです。少し北には「計画的避難指示」となった飯舘村や川俣町山木屋地区が近接しています。

突然の避難を強いられた市町村の人々と、放射能汚染の心配はしつつも住み続けることができた私たちの町とでは、生活困難には大きな差があります。その境目にあって仮に「避難指示のみずぎわ」診療所と自称してみました。

1 「避難指示のみずぎわ」から原発事故当時を振り返る

2011年3月11日、おだやかに晴れた金曜日の午後2時46分、マグニチュード9・0の揺れはこれまでに経験したことのない大きなものでした。押しつぶされるかと思った建物から駐車場に出て、揺れが一旦収まったところでハラハラと雪が舞い降りてきた不思議な光景が思い出されます。大地が20センチほど上下に揺さぶられて上昇気流が発生したためとのことでした。その夜のテレビでは、宮城県・岩手県沿岸の大津波と東京湾岸の石油タンク火災の映像がくり返し映し出されていました。

3月12～13日の週末、私は支援に入った福島市内の医療生協わたり病院のテレビで、次々に起こる原発の水素爆発を見ることになります。そのわたり病院を最初に訪れた浜通りの町からの避難者は、緊張した面持ちながら、元気な透析患者でした。透析を1回受け、東京方面へ向かいました。

それからは、浜通りの町からの避難者が大型バスや乗用車で到着し、避難所となった体育館などで一泊して翌日にはさらに西に向かいました。そこにまた後から避難者がやって来ます。このように、海岸の町の人たちが地震・津波に引き続く原発事故から次々と避難して去って行きました。

私たちの町はガソリン不足・断水・停電のなか、町内会からは「明日にも避難指示が出るかもしれないから準備をするように」とのふれが回ってきました。避難者を支援している自分たちも避難しなければならないのか、インターネットもなかなか通じず少ない情報が錯綜して、なんとも地に足が着かない不安定な毎日でした。

行政から避難指示が出る前に自主的に避難していく人たちもいて、町は閑散としてしまいました。外来受診者も少なくなると、自分たちは放射能汚染のなかに取り残されているのかもしれないという、言いようのない不安が漂います。

当時一番の問題はガソリン不足で、車のない生活に陥りました。津波で壊滅した仙台港から石油が来ないためか、東京湾岸の石油タンク火災のためかなど不確かな憶測が飛び交いましたが、原因は放射能汚染地域とされた福島県への物流が途絶え、特にタンクローリーが入って来なかったためでした。福島県全体が放射能汚染地と見られていたことは後で知りました。

自然災害としての地震・津波に人災としての原発事故が加わったときの特有の過酷さは、伝え残すべき、くり返してはならない経験です。

2 「避難指示のみずぎわ」診療所でかかわった人びと

閑静な山あいで農業を営む70歳代の男性は、90歳代の母親と2人暮らしでした。原発立地地域ではないものの居住制限地域（昼は出入り自由だが寝泊まりは不可）に指定され、1か月を目途に計画的に避難することになりました。飯野町の小学校跡地での仮設住宅に入居しましたが、男性は頭痛・不眠・腹痛・下痢で悩みます。一般的な治療ではよくならず、心因性身体症状として病院の精神科で安定剤の処方やカウンセリングなどを受けましたが改善はみられません。ところが、自宅に戻るとこれらの症状がすっかり改善します。いつしか2人で自宅での生活となっていました。

この親子が居住制限指示地域内で寝泊まりしていて大丈夫なのかと、関係者や役場の担当者らが診療所に集まり対策を話し合いました。ほかにも避難していない数世帯があり、地域の人たちには周知のことになっています。かといって、介護事業所がそこで在宅介護サービスを提供するには無理があります。そこで当時、避難先で生活している有志が集まり居住者のいない各家を巡回していた「見守り隊」に、この親子を定期的に訪問してできる範囲での生活援助を頼みました。

3年後の冬は山梨県が一時孤立状態となるほどの「平成26年豪雪」で、福島県の山間部も例年にない積雪でした。私たちがこの親子を心配して訪問すると、すでに役場から特別の手配で道路が除雪され、2人も無事でした。母親はその後、心不全で入退院をくり返して病院で天寿を全うしました。男性はいま、避難指示が解除された自宅で農作業や花づくりに励んでいます。

ほかにもさまざまな事情を抱えた事例を経験しました。それらから、地域に密着して生活してきた人々の想いを感じました。もちろん避難先での医療・介護を充実させ避難生活を支えることが本筋でしょう。一時は16万人もの福島県民の避難者を出した原発事故の根源を正す運動も重要です。それらの課題へ取り組むにあたっても、目の前の事例それぞれの状況に応じた関わりを積み上げることの重要性を改めて認識しました。

3 甲状腺超音波検査への取り組み

1986年のチェルノブイリ原発事故で放射能汚染地域の子どもたちに甲状腺がんが多発したことは、医学史に刻まれています。福島の原発事故でも同様ではないかとの心配が内外に起こりました。

これらの声を受け、福島県は県立医大と県医師会に委託して2011年3月当時18歳以下だった県民約37万人（後にその年に誕生した子どもを含む約38万人）全員を対象に、2年ごとの甲状腺超音波検査を始めました。広島大学や長崎大学をはじめ全国の放射線技師会や検査技師会の支援も受けましたが、それにしても大変な大人数です。福島県内の一般の医療機関も急きょ取り組もうとの機運が高まり、その年の6月には県内各地域で甲状腺超音波検査の講習会と実技研修が始まりました。

原発事故に巡り合わせた福島県の医師としては避けて通れないと考えて私も甲状腺超音波検査へ取り組むことにし、福島県限定の甲状腺検査一次検査者資格認定試験に挑戦しました。筆記試験はさることながら、実技試験についてはたいへん緊張しました。最初の年は、福島県内の医師や技師を含めて800人におよぶ甲状腺超音波検査講習会への参加がありました。現在では福島県内85か所（2020年2月3日現在）で甲状腺超音波の一次検査を行っています。

原発事故のときに誕生した子どもたちは、この春で小学4年生になりました。20歳以降は5年ごとですが、進学や就職で全国への転出が多くなるため超音波検査の受診率は低下しています。いまとなっては地域住民のなかでも、原発事故当時の「一刻も早く甲状腺をみてほしい」といった切羽つまった雰囲気は感じられません。

二次検査や精密検査は専門医療機関で担うことになっていますが、いま発見されている甲状腺がんは多発なのか否か、そして放射線起因性か否か、いまだに専門家でも一致した見解とはなっていません。それだけに、甲状腺超音波検査を受けたものかどうか、ためらいがあるのも実際です。このような福島県の子どもたちへの迷惑をもたらした原発事故に対しては、改めてその罪深さを感じます。

4 外来通院患者の減少と高点数による個別指導

飯野町は農業を中心に人口約5000人、中学校1校、小学校3校、医科の無床診療所は3軒、歯科診療所は2軒でした。福島県は少子高齢化の傾向にあり、原発事故と相まって人口減少に拍車がかかりました。これまでも、いいの診療所での在宅訪問診療の患者は増えつつあった一方で、外来通院患者は減る傾向でした。そのため、毎月のレセプトでの平均点数（件当点）は徐々に上昇して東北厚生局による集団的個別指導の対象となり、その後も同じような傾向が続いたため個別指導を受けました。

この時期を前後して、町の1軒の診療所が高齢のため閉院しました。そして隣接する町の1軒、さらにもう1軒と閉院が相次ぎました。ともにがんばって地域医療を担ってきた先輩医師の、ここにきて後継者を得られないままの引退でした。そのため外来通院患者は急きょ5割増しとなり、件当点はかなり下がりました。原発事故という特別の事情があったとしても、保険診療上の審査や指導は全国どこでも共通の問題であり、当事者となったからには独自に乗り越えなければなりません。しかも学校医も引き受け、日常の医療活動はさすがに多忙となりました。

これらが、原発事故による困難のさなかの「避難指示のみずぎわ」診療所をめぐっての状況です。

5 自然再生エネルギーに転換して原発のない日本へ

この春さらに避難指示が解除される町はありますが、いまとなっては帰る人は元気な高齢者を中心に1〜2割です。若い子育て世代の多くは、避難先ですでに生活を築いています。福島県の人口は県全体としては減少しつつ、しかも市街地と周辺山あいとの間で、集中と過疎が進行しています。日本全国を見ても人口減少とともに大都会の首都圏・中京圏・近畿圏に全人口の半数が集中しています。

大都会へ電力を送るために過疎地で原発を再稼働してベースロード電源とする国づくりを進めていては、日本の将来がありません。自然再生エネルギーに転換して原発のない日本をめざすことは、福島県民の共通の願いです。

7 原発事故を二度とくり返してはいけない

福島県楢葉町・宝鏡寺住職
早川篤雄

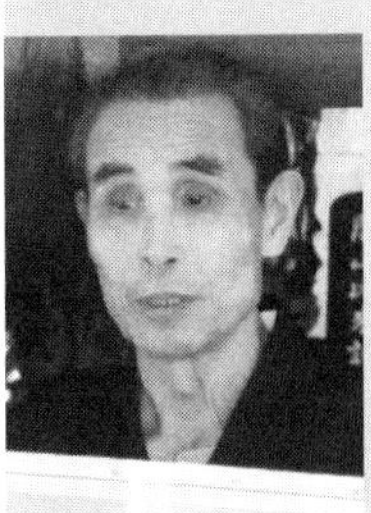

1 国は「強制非難を解除」しましたが

現在、原発事故による強制避難は、「帰還困難区域」を除いて解除されています。

しかし、原発の危険性がなくなった、もう心配がなくなったから避難を解除したということではありません。また、元の生活ができるようになったから解除、ということでもありません。

楢葉町は4年間避難を強いられました。着の身着のままで逃げて、避難先を何回も転々としている4年の間に、ありとあらゆるものを失ってしまいました。戻っても、元の生活を取り戻すための自然環境を含めたすべてが、元に戻りません。まったく元の生活ができないのです。

「避難解除準備区域」、「居住制限区域」だったところでは、解除されてから4~5年経っても子どもを生み育てる世代、次世代の人々がほとんど数%しか戻っていません。若い世代が戻らないために人口が減少し、あらゆる産業が成り立たなくなっています。

元の生活を取り戻すどころか、避難を強いられた区域は未来まで奪われ、私は、この地域は消滅していくと思っています。

2 原状復帰を放棄した「福島・国際研究産業都市(イノベーション・コースト)構想」

こうしたことを国はわかっています。楢葉町が避難解除されたのは2015年9月5日ですが、同年7月には「福島12市町村将来像に関する有識者検討会」が、「強制避難」を強いた12市町村の将来像として「福島イノベーション・コースト構想」を打ち立てました。

これは、米国ワシントン州のハンフォードをモデルにしています。1940年代から80年代まで原発・原水爆の研究開発をしていたところです。ここでつくられたプルトニウムが長崎に投下されました。原発・原水爆の実験のため福島県より広い地域が原発・原水爆の実験、製造で汚染されたといわれています。

その除染や高レベル放射性廃棄物処理処分のため、世界中から研究機関や企業が多数集まり、人口も増えたことで経済が成り立ち、人工的な都市になっている、ということです。

それをそっくりまねたのが「福島イノベーション・コースト構想」です。何のことはない、住民は戻ってこないのだからハンフォードのように福島を除染・廃炉の研究産業都市にするということです。3・11前に原状復帰することはないと宣言しているようなものです。

「構想」はこれを「世界が注目する浜通りの再生」といい、「原子力災害からの復興は世界に例のないチャレンジである」としています。住民を馬鹿にしきっています。

原状回復ではありません。復興でも再生でもありません。この「福島イノベーション・コースト構想」をつくったトップは第二次安倍内閣・経済産業省の副大臣赤羽一嘉です。経産省は原発を推進した省です。その経産省が「構想」を推進しているのです。

そもそも、「周辺に大都市がなく、人口密度の低い地域が原発立地の条件である」としていました。そして、大事故。

２０１１年6月25日に復興庁の東日本大震災復興構想会議がまとめた「復興への提言」には次のように書かれています。

「パンドラの箱には、たったひとつ誤ってしまわれていたものがあった。それは何か。『希望』であった。それから人類はあらゆる不幸の只中にあって、この『希望』を寄りどころにして、苦しい日々をたえた」

しかし、「福島イノベーション・コースト構想」には、「拠りどころ」にする希望はありません。こんなことを二度とくり返してはいけません。

3 〝フクシマ〟を教訓にして真剣に考えるべき

国の「構想」どおりに進んでも、今後数千年・数万年単位で管理し続けなければならない大量の溶融燃料・大量の放射性廃棄物の処理地はあるでしょうか。私はチェルノブイリを二度訪問しました。広大な土地に巨大な石棺をつくり、原発を閉じ込めようとしていました。いまも続いています。

しかし、福島原発があるのは波打ち際です。波打ち際の石棺とチェルノブイリの石棺ではまったく話が違います。子々孫々に対してとんでもないことにならないでしょうか。

内閣府原子力委員会委員長だった近藤駿介氏は、当時の菅直人首相の指示で、福島原発事故が最悪の場合どうなるかのシナリオをつくっていました。「最悪の場合、１７０㎞圏内は強制移住しなければならない」というシナリオでした。12市町村の避難だけですんだのは、奇跡中の奇跡だったのです。

この次にどこかで事故が起こったら、このシナリオ通りになる可能性があります。私たちは真剣に考えなくてはなりません。福島ではたまたま冬型の気圧配置で太平洋に向かって風が吹き、放射性物質の70～80％が海に流れました。そういう偶然も重なったのです。しかし、この福島規模の事故が新潟で起こっていたらどうなったでしょう。これを教訓にしなければ、とんでもないことになると思います。〝フクシマ〟後も国はなお原発推進に固執し、東電は柏崎刈羽原発の再稼働に躍起になっています。

私たちの悲願は、第二のフクシマ、「原発大事故、次も日本」を何としても起こしてはならない、ということです。

これを多くの人々の世論で実現する。これが「希望の拠りどころ」です。

8 減災にも生かしたい飯舘村の食と暮らし

「までぇな食づくり*」

伊達市・栄養教諭・管理栄養士　簱野梨恵子

飯舘村佐須地区の菅野榮子さんや芳子さん、高橋トシ子さんたちの暮らしぶりから、その食文化を減災対策として見習うべきではないか——。凍み餅、味噌、漬物を紹介しながら考えてみます。

＊「までぇな食づくり」＝手間ひまかけた・真心のこもった

1　凍み餅——軽くて保存にもよい

数年に一度は冷害に見舞われた飯舘村では、短い夏季だけの、冷涼な気候を利用した葉物、高原野菜の栽培や牧畜の農業でした。うるち米は栽培できる品種が限られ、銘柄米でもないため売値も低価格でした。昭和50年代に、村の農政課や農協が一体となって熱心な農業指導が行われました。減反政策もあり、転用作物として、作付けが容易で売価も高い餅米が奨励されました。

凍み餅をもつ菅野榮子さん

家では売れないくず米を食べ、魚も入手しにくい村のごちそうは、餅料理でした。おこわも餅も、行事のたびに食べていました。正月には上餅と呼ばれる上等の餅米だけでついた餅をはじめ、変わり餅やぼた餅、大福、おこわなどが盛んにつくられ、加工品としても売られるようになっていきました。

なかでも特徴的なのが凍《し》み餅です。ごんぼっぱ（学名「オヤマボクチ」）とうるち米と餅米を合わせてつき、成型後に凍らせ、その後よく乾燥した凍み餅は、軽くて保存性にも優れています。

多くは、うるち米を粉にしてつきます。凶作で米の収穫が少ないときはくず米を使いました。その歴史に加え、米粉のほうが経験上うまくできたからだそうです。ごんぼっぱは、山の少し日陰になる斜面に自生しています。アクが強くてイノシシもサルも食べません。それを生かし、山に面した畑の周囲はごんぼっぱで囲んで獣害から守っていました。

ごんぼっぱ。葉の裏は白く綿状で、これが餅のつなぎの働きをする。

榮子さんや芳子さんによると、「ごんぼっぱの葉の裏のもやもやとした白い綿が独特の弾力を出し、餅の歯切れがよくなる」そうです。東日本大震災の折、食堂もコンビニもスーパーも閉まっていたため、この凍み餅は弁当に重宝しました。

2 味噌——米と味噌さえあれば生きていける

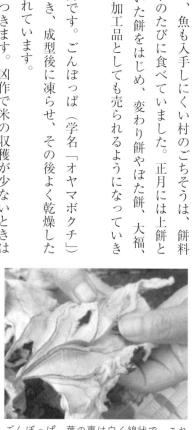

寒の頃に大豆を茹でて臼と杵でつぶし、塩を混ぜ合わせます。それを固めて円柱形の味噌玉をつくり、少し乾燥したら藁で十文字に包んで玄関先の土間や縁側の梁に下げ、カビが生えるまで乾燥させます。山吹の花が咲く頃、味噌玉と少量の甘酒を臼と杵でついて交ぜ合わせます。このつぶしたり混ぜ合わせたりする作業から、味噌づくりの工程全体を総称して「味噌つき」と呼ばれます。

そして、昔から使われている胡桃の木でつくった味噌樽で、1年分を仕込みます。それを、二夏から三夏過ぎた頃から食べ始めました。言い伝えとして「味噌を切らすのは嫁の恥」とされ、冠婚葬祭があっても不足しない十分な量を蓄えなくてはならなかったそうです。

《佐須の味噌》国の減反政策が厳しくなった1984年頃、村の勧めでグループによる農産物加工の取り組みが始まりました。菅野芳子さん、高橋トシ子さんたちが加工グループを立ち上げました（多いときは7～8名）。

農村振興計画のなかで六次産業の加工グループとして、減反の田や開墾したばかりの畑でつくった大豆と、各家の米を利用して、味噌をつくることになりました。売るからにはおいしくする工夫が必要と、生活改善普及員から塩の割合や白米麹のつくり方などのアドバイスを受けました。その後、夏のきゅうりの三五八漬け、冬のキムチ漬け、凍み餅もつくるように

ヤーコンの味噌漬け

味噌樽。左が胡桃の木でできた明治時代のもの。右は杉の木でできた昭和のもの

なりました。

3 漬物——食のふるさと

味噌同様に漬物も、倉の大きな樽でつくり継ぎ、自分たちの口に合うように変化させてそれぞれの家の味にしていました。

飯舘村は季節の変化が速く、山菜はもちろんきゅうりや大根などの野菜も一時期に大量に採れます。すぐに食べる分以外は塩漬けにして保存します。お客があるときなど、必要に応じて塩抜きして食べます。

冬にはどの家でも、塩抜きしたいろいろな野菜、山菜、しその実などを混ぜ合わせた名前のない醤油漬け（混ぜ漬け）をつくり、日常の食事としても味噌漬けや三五八漬け、キムチ漬けなどをつくっていました。みんな、おいしいものをまず家族に食べさせたい、作物を無駄なく食べ切りたいと思っていました。自慢の漬物はさまざまな集まりのお茶請けになり、訪問客への手土産になりました。

《味噌漬け》濃く塩漬けした漬物を塩出ししたもの、三五八漬けの残った野菜は、3年から5年たった味噌（時には10年もの）に漬け、味噌漬けの床として利用しました。漬け込み期間は早くて数か月。普通は1年かけました。

なすの三五八漬け

きゅうりの煮物

ある味噌漬け名人は震災後、漬物がつくれないとがっかりしていましたが、子どもたちから「あの味噌漬けが食べたい」といわれ、仮設住宅で少量漬けました。漬け込み期間は短かったものの、子どもたちは「昔に戻ったようだ」と大喜び。いまでは自身で畑を借りて少し野菜をつくっています。

《三五八漬け》塩3、炊いたお米5、米糀8の割合で混ぜた漬け床でつくった漬物なので「三五八漬け」と呼ばれます。JAで三五八漬けの講習会があったことを契機に、夏場には加工グループで三五八漬けをつくりました。くず米を精米し、味噌つきで培った米麹づくりの技術を生かして三五八漬けをつくるのは、簡単で原料代の節約にもなりました。

飯館のきゅうりは白っぽく、丈が短く、種が大きな品種です。売れ残りは味噌で漬け直すとおいしい味噌漬けになり、捨てるところがありません。ここにも使い切る、食べ切る考え方がありました。

4 フリーズドライ食品を減災食品として

自然とともにつくり継いできた郷土食は、工夫と愛情のたまものです。しかも凍み餅、凍み豆腐、凍み大根、干し柿などのフリーズドライ食品は、

2015年4月につくった味噌を樽に入れた

高橋トシ子さん。味噌玉を、あっという間にきれいにつくる

軽い上に保管スペースを取りません。東日本大震災と原発事故の後も、少量の水で戻し加熱するといろいろな料理ができる乾物が重宝しました。

こうしたフリーズドライ食品を備蓄食品・減災食品として見直し、常備することを提案します。

（参考）籏野梨恵子『までぇな食づくり』民報印刷、２０１８年。

昭和30年代の味噌玉と凍み豆腐のある風景

9

飯舘村の被災地に花園をつくる

飯舘村　大久保金一

私は飯舘村の山奥にある谷で、戦後すぐに父親が切り開いた田畑を母と2人で守ってきました。栽培している水芭蕉を増やすための株分けが終わろうとしていたときに地震と原発事故が起こり、4月には計画的避難区域に指定されて全村避難となりました。

7月からは飯野町の仮設住宅で避難生活を送りました。しかし長年暮らしてきたわが家を離れ、私は不眠、腹痛、頭痛と体調がすぐれず、薬を飲まなければならなくなりました。それでも昼間は帰ることが許されている区域だったので自宅に通い、時には寝泊まりもしました。するとぐっすり眠れ、腹痛も起こりませんでした。

年末に、介護が必要な母親とともに自宅に一時帰宅、2012年の正月を迎えました。往診を頼んでいっしょに暮らしていましたが、母はだんだんと弱って入院し、2015年に98歳で亡くなりました。

保険医協会メンバーらと

自宅に戻ってからも、私はひどい目まいで悩まされました。つらい状態で車を運転し、時間をかけて大きな病院にも行きましたが、なかなか診察してもらえませんでした。いい先生も見つかりましたが、結局耳は片方聞こえなくなってしまいました。

私は、米づくりや出荷用の切り花の栽培をしていましたが、事故前にはできなかった花園をつくろうと、「マキバノハナゾノ」と名づけて桜や水仙を1人で植え始めました。2013年からはNPO法人ふくしま再生の会のみなさんや、東京大学、茨城大学をはじめ各地の学生たちも訪れて、いまでは桜だけで松月《しょうげつ》や福禄寿《ふくろくじゅ》など20種類が植わっています。

土地の除染は当初、私1人で行いました。公的な除染も入りましたが、地主の意向よりも上の人の指図ばかりが優先され、残したい木に目印をつけていても無視して切られてしまいました。公的な除染はもうありません。大きな被害を受けているにもかかわらず、国や東電のでたらめさには腹が立ちます。補償がありません。

桜と水仙の花が同時に咲きそろう花園をつくって、この場所で農業をして暮らし、蘇らせようとした人がいることを思い出してほしいと思います。

2020年4月20日にドローンで空撮。左奥の一本杉から右手前の人影まで70～80メートル。左奥一本杉の手前、20アールの畑は水仙。その手前、50アールの畑は9月20日前後に咲くコルチカム。その手前が150アール余りの水仙と桜。

古来日本の生きる知恵、学ぶ機会に

看護師・介護福祉士　宮谷理恵

「ここをたくさんのお花でいっぱいにしたい」「たくさんの人にみてもらいたい」

実際に花畑を見て、金一さんの話を聞き感銘を受けたことを、いまでも鮮明に覚えています。花の種をまき、花が咲きほこる過程を経験したい。そして、花畑のお手伝いをしたいとの思いで、ときどき友人を誘い、少しばかりお手伝いをしています。お手伝いというより、皆、学びに来ているという印象です。ストレス社会、災害大国日本で暮らす上で、古来日本の生きる知恵を学ぶ機会は、いまも最も大切な気がします。

金一さんの夢は、村の財産になり、多くの人の癒しになると信じています。

自然への深い愛情が広げる人の輪

地域おこし協力隊　松本奈々

金一さんのお宅に初めてお邪魔したのは、2019年のツツジが満開の頃でした。東京から飯舘村に移住し、まだ村になじめていない頃でしたが、満開のツツジと広大なお庭に感動し、ワクワクした気持ちになったのを覚えています。その後も水仙畑作業のお手伝いなどで関わらせていただき、それをきっかけに知り合いもどんどん増えていきました。

お庭の植物一つひとつについて、名前の由来や植えたときのエピソードなどを次々と語ってくださる金一さん。自然への深い愛情が伝わってきます。これからも飯舘の自然とともに、人の輪を広げていってほしいと思います。

ますます美しくなる桜、毎年の楽しみ

NPOふくしま再生の会　矢野　淳

「自分の畑と山を一面花畑にしたいというおじいちゃんがいる」と聞き、この地にやって来たのは7年前。私が高校生のときでした。

「絵が得意なら花畑のイメージ図を描いてくれ」と言われ、当時、稚拙ながら最初のイメージ図を描かせてもらいました。そんな私も今年、大学を無事に卒業。当時植えた桜はすくすく育ち、年々増えていく金一さんの庭の花を見るのが毎年の楽しみになっています。去年よりも今年、今年もより来年、どんどん美しくなる、そんな桜です。

大久保さんとの出会いで心もやさしく

飯舘村役場　大高基廣

飯舘村に花仙人という、花にこだわりを持った人がいるということを聞いていました。友人とのつながりで、花植えのお手伝いをするようになりました。炎天下の水仙の球根植えの作業が印象的でした。

自分が作業した水仙が花開いたときは感動しました。それは、球根植えの作業から9か月後のことでした。

このような貴重な経験は、自分の心の優しさの幅を広げてくれました。それは大久保さんとの出会いで導かれました。ありがとうございました。

10 戦後日本社会における人間、教育、原発など

南相馬市在住　詩人・若松丈太郎氏に聞く

２０１７年８月に旧知の広川恵一医師と二人で東日本大震災の被災地を訪れた私は南相馬市に詩人の若松丈太郎氏に初めてお会いしました。

若松氏の連詩「神隠しされた街」は、氏がチェルノブイリ福島県民調査団に参加した後の１９９４年に書かれ、２０１１年の東日本大震災後は、まるで福島原発事故を予言しているようだとメディアに取り上げられましたが、原子力発電所近傍に住む詩人として、建設当初から詩を通して長年警告をしてきたのだと、その時に知りました。

その出会いの後、多くの彼の詩を読んだ私は大きな衝撃を受けました。彼の詩こそ世界で読まれるべきであると確信した私は、日本語からドイツ語に翻訳する任務を引き受け、25編の詩の翻訳が完成しました。近い将来に出版され、日本以外の世界でも多くの人に読まれることを心から望んでいます。

そして、東日本大震災・原発震災後10年に向けて、被災地の生活者の提言を中心に

若松丈太郎氏（左）と聞き手のアブドゥルラッハマン・ギュルベヤズさん（右）

した出版への一環として、2019年4月28～29日の2日間にわたって、兵庫県保険医協会の方々とともに南相馬市の若松氏を訪ね、インタビューを行いました。被災地の状況や課題について、詩の創作、10歳のときに経験した敗戦や社会の問題まで、現地の詩人の生の声をお聞きしました。

アブドゥルラッハマン・ギュルベヤズ（長崎大学多文化社会学部准教授）

1 「ことば」について

アブドゥルラッハマン　人間と言葉について、若松さんは詩人としてどうお考えですか。

若松　かつて、ギリシアのテオ・アンゲロプロス監督の「旅芸人の記録」という映画を見ました。そのときとても感心した場面がありました。旅芸人たちがある町を歩いているのですが、一瞬で過去と現在を行ったり来たりするその場面が、詩にも使えるのではないかとヒントをもらったように思いました。映画を2回見たことはあまりありませんが、これは2回見ました。アンゲロプロスは私と同年生まれです。少年時代に戦争を体験し、いろいろなことがあったのでしょう。

そんなふうに、思いがけないことがきっかけになって言葉が出てくることがあります。日々のなにげないことから詩や言葉が影響されると思います。

ア　詩がもともとそういう性質なのでしょうが、若松さんの詩は「人間」「自然」「存在」などが中心テーマになっているように思います。

若松　私は東北の田舎に生まれ、自然が豊かなところで育ちました。小さな町ですから人間関係はとても密で、誰が何をしているのか互いによく知っていました。子どもの頃、住民たちは毎朝それぞれの家の前の道を掃除するのですが、誰かが声をかけて話が始まるのでした。そういう自然、人、地域の関係が濃いところで育ったことで、暮らしや人への関心が出てきたのかもしれません。

いま、そういう人間関係は失われてしまいました。大型店ができて小さな店は成り立たなくなり、生活空間としての町がどんどん消滅していっています。また、私たちは核災のために避難しなければなりませんでした。町に戻って来ない人たちもいて、近所づきあいもずいぶん減って、町がどんどん変わってきました。人の暮らしは年月とともに変わっていくのだと感じます。

ア　戦前と戦後を生きてきた若松さんから見て、日本の社会は戦前と戦後でどう変わりましたか。

若松　大雑把にいえば、本質的には変わっていないと思います。私は、日本人が自らの戦争責任を追及しなかったことが大きなポイントだと思います。戦後というけれども、本当に戦後になったのかと……。その点ドイツは、きちんと追及してきたと思うのです。

ア　戦争責任という面では、ドイツはもちろん日本と違う道を取りましたが、平均的なドイツ人の考えが変わったのかどうか、私は疑問です。たとえばそれは、いまも政治面で現れています。

若松　確かに最近のヨーロッパには右傾化の流れがありますね。日本の場合、東京裁判もありましたが、日本人の手で日本人の戦争責任を追及してこなかったのが、非常に大きな問題だったと思います。

そのために、責任を負うべき人たちが戦後の政治のなかで復活して、幅を利かせてきました。そういう状況のなかで、国民の意識も中途半端だったのではないでしょうか。民主化などといわれましたが、いまは現在の政権のもとで、戦争の準備をしているとしか思えないような方向に向かっています。それを許している国民性に、私は問題があると思うのです。

2 人間と技術について

ア 人と技術、核の問題についても少し話してください。

若松 東京電力の福島第一原子力発電所が稼働し始めた1971年、「河北新報」の企画で、私は原子力発電所を見学したことがありました。そのとき、東京電力はなぜ自社の配電エリア内に原子力発電所をつくらずに東北の海のほとりにつくったのか、という疑問を強く感じました。

それ以後、原子力発電所を見ていると、ときどき事故の発表がありました。小さな事故かもしれませんが、事故時ではなく後で発表するのです。その姿勢に、何を考えているのかと思いました。

広島や長崎にも行って現地の人と学習もしました。原発も核爆弾も核を使っていますが、それぞれ「誤用」と「悪用」というべきで、そのエネルギーを用いて電気をつくるのは間違った使い方ではないか、という意識をもつようになりました。核は人間が使ってはいけない。核の半減期をみても、人間が生きる時間の単位とは次元が違います。人間は、自分が生きている時代に責任を取れないものは使ってはいけないと思うのです。

原発がなぜ福島につくられたのか、理由はわかります。原発が危険であることを国と電力会社が認識していたからです。危険でないなら、消費地に発電所を設置するほうが送電線も延長しなくてすむし、損失も少ないはずなのですから。

ア チェルノブイリ訪問もありますが、その前から反原発の活動をされていたのですか。

若松　わずかの人たちでしたが、集会を開いたり勉強会をしたりしていました。でも、やはりどうしても、双葉町など原発立地地域の人たちとは難しいところがありました。ほかの土地と比べると経済的な理由もあり、原発に勤務している人もいて、表立って建設・増設に反対できなかったようです。それでも根気強く話し合いを重ねました。

避難した人のなかでも、自分のところに戻れた人はまだいいですが、戻れない人は精神的に参ってしまいました。浪江町の人たちは線量が高くて帰れないのに、立地地域でなかったため東電の補償もひどかったそうです。私の知り合いの詩人夫婦も、避難して住まいを点々とし、現在は相馬市で暮らしています。帰れないことに、奥さんより夫のほうが精神的に参っていました。もともと昆虫の詩を書いている人ですが、核災が起きた後は、昆虫のことを書いていても全部核災につながって、「帰りたい」という思いが詩のなかにつよく表現されています。

牛も斑点が見つかったり、虫などもいなくなったりと、いろいろなことがわかってきています。

ア　原発事故の後、反原発の運動に参加する人は増えましたか。

若松　いまも人それぞれの考えがあります。事故前は容認している人、仕方なく反対できない人がいましたが、実際に避難し、ふるさとに帰れないなど、すごく大ごとになって、それで考えも変化しているようです。人間とは不思議です。帰れないということは、とても大きな精神的ストレスを生むのです。私は「事故」といいたくないので、「戦災」という言葉をヒントにして、「核災」と表現していますが、これがほんものの悪です。

私たちは、外に出てはいけないという「屋内退避」の指示でした。流通が全部ストップしました。食品も新聞も来ないので、私は福島市に逃げました。でも、逃げた福島市のほうが放射線量は高かったのです。ひどい話です。東京や千葉にも線量が高いところがありましたが、そういう情報が入って来ませんでした。

3 詩を書くということ

編者　若松さんにとって詩を書くということは、どういうことですか。

若松　自分を表現したいという想いはあったと思います。いろいろ試しましたが、文学や短歌は自分には違う感じがして、詩なら勝手な書き方をしてもよさそうだと思ったのです。

ア　若松さんの本にはヨーロッパの詩人からの影響があると思われますが、ほかにも影響を受けた人はありますか。

若松　ポール・エリュアールとか、戦中、戦後といい作品を書いていた人からは影響を受けました。

ア　日本の詩人ではどうでしょうか。

若松　私は現代詩から入ったので、たとえば、島崎藤村は有名ですが、「自分にとっての詩じゃない」と思いました。いわゆる近代詩はあまり読みませんでした。草野心平は戦争中にひどい詩を書いています。三好達治などもそうですが、戦時中に国策に添った詩を書いた人は信用できません。

ア　わかります。私もハイデガーという哲学者に関しては同じ立場です。世界中で非常に偉い哲学者といわれていますが、1933年からヒトラーを神様にしました。私の好きな社会学者や哲学者は彼の作品を大切に思っていますが、私には、実践的に人として何をしたのかが大事です。

若松　私には、子ども時代に戦争についてだまされたという思いがあります。もうこれ以上だまされたくないという思いから、そのあたりをきちんとしておきたいという気持ちがあります。
私は最初に出会った金子光晴と、それから中野重治や小熊秀雄などを読みました。そのほかの戦前から書いていた人たちには納得できないものがありました。そういう意味からも私は戦後の詩人です。

4 国語を教える

ア　若松さんは長い間、国語の教師でした。国語を教えるのはどんなことでしたか。

若松　結局、自分の思っていることをいうしかない、そんな感じでした。初めて受けた高校の授業で、島崎藤村を得意になって話していた国語の教師にとてもついていけなかったように、私も自分の好みで教えていたような気がします。

当時は教科書を教師が選べました。自分が読んでみて、おもしろそうで気に入った文章が入っている本を選んでいました。たとえば、石牟礼道子の「苦海浄土」の一節を収載した教科書があったので、それを選んだことがあります。生徒に「こんなすごい文章があるんだ」と読ませたいと思って……。そんなふうに好き勝手にやっていました。戦後はある時期、自由なときがありました。

退職する頃はだんだん窮屈になってきました。国歌も、かつては行事で起立して斉唱するなんてことはありませんでした。

ア　私も調べてみると、70年までは戦争責任についても自由に話された感じがします。80年代90年代になると、すこし変わってきたと思うのですが……。

ア　学校の歴史の教科書から、戦争についての記述がだんだん減ってきました。
若松　少しずつ変化してきたと思います。私が教員だった頃は、職員会議ではすごい議論がありました。それがだんだん伝達になって、管理・締め付けが強くなって、言いたいことが言えなくなったように思います。

5 「北狄」の精神性

ア　若松さんの『福島原発難民―南相馬市・一詩人の警告1971年～2011年』（コールサック社、2011年）に、吉田真琴さんの詩が引用されていますね。
若松　吉田真琴さんは双葉の人です。核災発生以前に原発反対を訴えた数少ない詩人のひとりです。私には、安藤昌益（八戸の町医者にして思想家。大舘に移り、1762年没。）について書いた詩もあります。
編者　若松さんの第二詩集『海のほうへ　海のほうから』（花神社、1987年、『若松丈太郎詩選集一三〇篇』コールサック社、2014年所収）にある「北狄《ほくてき》　二」ですね。北狄は一般に「北方の野蛮人」という意味ですが、次の詩です。

ごったがえす湊町の夕暮れ
ホヤの包みを手に家路に向かう一九七六年の勤め人たち

往診帰りの町医者は磯にたたずむ

白さが混じるびんの毛に風
著述のいっさいを終えたいま
混沌の沖に質す残余の日々
せわしく飛び交い海面におり
母親を求める赤子の声でウミネコは鳴く
時が止まるまで
〈幾幾として軽歳すといえども……〉
男は沈黙の腰をあげる
空をだけ暮れ残した十三日町の方へ
怪我人のかみさんが持たせせた
一七五六年のホヤを手に

一九七六年のある夕ぐれ
湊町のごったがえしのなか
だれかかれの姿を見かけなかったか

若松　私には北の人間だという意識があり、自分の生活圏である日本の北という地域の意味を表現できたらと思っていました。

6 若い人には批判精神をもってほしい

編者　これからの詩について、どうお考えですか。

若松　もう命の限度くらいにまできていますし、最近は違う形で、たとえばある雑誌に、核災はまだ終わっていないという現状報告のようなものを書きました。現状を伝えるには詩よりも報告みたいなものがいいと思って、いまは書いています。

編者　若い人に向けて何かメッセージはありますか。

若松　世論調査で内閣の支持率が高いなどといわれています。どうしてだろうと思います。若い人には現政権に対する批判や反対の意思表示をもっと出してほしいと思います。

　私が子どもの頃は戦争でしたが、いままたこの国では、かつて金子光晴が詩「おっとせい」で批判したように人びとが一つの方向を向いて、イージス艦や戦闘機や潜水艦、空母などを装備し、戦争の準備をしています。戦前と現在の状況が重なるところがあります。

編者　若松さんには教科書を墨で塗りつぶした経験もあるとうかがっていますが。

若松　それはもうショッキングな出来事でした。国民学校4年生、10歳の秋です。戦中には「これは正しい」といっていた同じ教師が、戦後はコロッと変わって「ここは墨で消しなさい」というのです。先生も悩んだと思いますが、そんなことがどうしてできるのか、と本当にショックでした。

ア　言葉によって考え方が急に変わる、誰かが何かをいってそこから考えが急にジャンプするように変わっていくこともあると思います。そういうことはありましたか。

若松　私は終戦の日のことをよく覚えています。その日は何か大きなことが発表されるらしい、と聞いていました。真夏の暑い日でした。ラジオから流れてきた天皇による終戦の放送を聞きながら、開戦の日のことを思い出しました。開戦の日は祖父母といっしょにいましたが、その部屋から外を見ると、積もっている雪がキラキラ光っていました。その風景とともに大本営発表を聞いたときの記憶が蘇ってきたのです。こうして開戦と終戦の記憶が重なったのを覚えています。

編者　チェルノブイリ、南京や広島への訪問は、やはり「戦争はいけない！」という気持ちからですか。

若松　チェルノブイリは、たまたまありがたい機会に恵まれて訪問できました。教職を退職した年に、浪江町で反原発の集会があって参加したときに、知人から「チェルノブイリに行くか」と聞かれて、即答しました。自分が生きた時代の、人間がやってきた悪行の現場を見ておきたいという意識をもっていたからでした。

ア　ありがとうございました。

〈参考〉若松丈太郎「連詩　かなしみの土地」（1994年）

6 神隠しされた街

四万五千の人びとが二時間のあいだに消えた
サッカーゲームが終わって競技場から立ち去った
のではない
人びとの暮らしがひとつの都市からそっくり消えたのだ
ラジオで避難警報があって
「三日分の食料を準備してください」
多くの人は三日たてば帰れると思って
ちいさな手提げ袋をもって
なかには仔猫だけをだいた老婆も
入院加療中の病人も
千百台のバスに乗って
四万五千の人びとが二時間のあいだに消えた
鬼ごっこする子どもたちの歓声が
隣人との垣根ごしのあいさつが
郵便配達夫の自転車のベル音が
ボルシチを煮るにおいが
家々の窓の夜のあかりが
人びとの暮らしが
地図のうえからプリピャチ市が消えた
チェルノブイリ事故発生四〇時間後のことである
千百台のバスに乗って
プリピャチ市民が二時間のあいだにちりぢりに
近隣三村をあわせて四万九千人が消えた
四万九千人といえば
私の住む原町市の人口にひとしい
さらに
原子力発電所中心半径三〇㎞ゾーンは危険地帯とされ
十一日目の五月六日から三日のあいだに九万二千人が
あわせて約十五万人
人びとは一〇〇㎞や一五〇㎞先の農村にちりぢりに消えた

半径三〇㎞ゾーンといえば
東京電力福島原子力発電所を中心に据えると
双葉町　大熊町　富岡町
楢葉町　浪江町　広野町
川内村　都路村　葛尾村
小高町　いわき市北部
そして私の住む原町市がふくまれる
こちらもあわせて約十五万人
私たちが消えるべき先はどこか
私たちはどこに姿を消せばいいのか
事故六年のちに避難命令が出た村さえもある
事故八年のちの旧プリピャチ市に
私たちは入った
亀裂がはいったペーヴメントの
亀裂をひろげて雑草がたけだけしい

ツバメが飛んでいる
ハトが胸をふくらませている
チョウが草花に羽をやすめている
ハエがおちつきなく動いている
蚊柱が回転している
街路樹の葉が風に身をゆだねている
それなのに
人声のしない都市
人の歩いていない都市
四万五千の人びとがかくれんぼしている都市
鬼の私は捜しまわる
幼稚園のホールに投げ捨てられた玩具
台所のこんろにかけられたシチュー鍋
オフィスの机上のひろげたままの書類
ついさっきまで人がいた気配はどこにもあるのに

日がもう暮れる
鬼の私はとほうに暮れる
友だちがみんな神隠しにあってしまって
私は広場にひとり立ちつくす
デパートもホテルも
文化会館も学校も
集合住宅も
崩れはじめている
すべてはほろびへと向かう
人びとのいのちと
人びとがつくった都市と
ほろびをきそいあう
ストロンチウム九〇 半減期 二七・七年
セシウム一三七 半減期 三〇年
プルトニウム二三九 半減期二四四〇〇年
セシウムの放射線量が八分の一に減るまでに九〇年
致死量八倍のセシウムは九〇年後も生きものを殺しつ
づける
人は百年後のことに自分の手を下せないということで
あれば
人がプルトニウムを扱うのは不遜というべきか
捨てられた幼稚園の広場を歩く
雑草に踏み入れる
雑草に付着していた核種が舞いあがったにちがいない
肺は核種のまじった空気をとりこんだにちがいない
神隠しの街は地上にいっそうふえるにちがいない
私たちの神隠しはきょうかもしれない
うしろで子どもの声がした気がする
ふりむいてもだれもいない
なにかが背筋をぞくっと襲う
広場にひとり立ちつくす
(『若松丈太郎詩集(日本現代詩文庫)』土曜美術社出版販売、
1996年、『若松丈太郎詩選集一三〇篇』コールサック社、
2014年所収)

地道に続けるチャリティーコンサート

チベット声楽家　バイマーヤンジン

2011年の東日本大震災が起こったとき、私は仕事で東京にいました。余震が続くなか、以前お世話になった陸前高田市のみなさんのことが気になり、大阪に戻るとすぐに現地に向かおうとしましたが、家族に「いますぐはかえって迷惑になる」と止められました。

1か月後、ガレキ撤去のお手伝いなど何でもしようと、夫とともに作業着をもって向かいました。けれどもそのとき、現地はまだボランティアを受け入れる準備が整わず、被災した高田小学校、避難所、避難した人たちが泊っているお寺に義援金と食料を届けることしかできませんでした。自分の無力を痛感しましたが、仕事のある私は引き上げざるを得ませんでした。

翌2012年、仕事でロンドンに行った際、現地の人に「どこから来たの?」と聞かれ、私はチベットではなく「from Japan」と答えました。するとその人から「Oh, Fukushima」という言葉が返ってきたのです。それを聞いたとき、これは東北だけではなく日本に住む私たちすべての課題だ、と改めて思い知りました。それから、私なりにできる被災地への支援活動（チャリティーコンサートなど）を続けています。

そんななか、兵庫県保険医協会の被災地訪問に同行する機会がありました。そのご縁で、震災から9年経ったいまでも、継続的に被災地支援活動を続けています。

チャリティーコンサートでは、チベット民謡や日本の歌「ふるさと」「新相馬節（福島県民謡）」などを歌っています。岩手県では、ありがたいことに「ヤンジンさん大船渡勝手にファンクラブ」と横断幕を掲げて応援してくださる方々もあり、本当に人と人のつながりを感じています。

大切なことは被災地に関心をもち続けて、継続して支援を続けることだと考えています。大阪にいても、新相馬節を歌うことで、福島を、東北を思い出してもらえれば……、と思います。

これからもみなさんといっしょに、地道に活動を続けていきたいと思っています。

Ⅳ

熊本地震

1

天災ではなく人災

市民もメディアも生活者視線で声を上げて国を動かそう

全国保険医団体連合会理事・福岡県歯科保険医協会副会長
杉山正隆

台風や地震など災害が多発する日本。地球温暖化などの影響で、これまで災害とは無縁だった地域でも災害に見舞われる危険性が取りざたされています。安倍政権になって急に「自助・共助・公助」論が声高に言われるようになりました。ごく普通の生活者の視点に立ち、せめて災害に襲われた時くらいは、国の責任で十分な策をすべきではないでしょうか。

「自助・共助・公助」論は「自分の身は自分で守れ。家族や親戚、近所同士は助け合おう。どうしてもダメなときは自治体や国だが、あまり期待するな」という趣旨です。国の責任を矮小化し過ぎています。たとえば仮設住宅（民間住宅借り上げの「みなし仮設」を含む）なども、わずか2年ほどで退去を迫られる事態が常態化しています。

災害は「天災」ですが、「自助・共助・公助」論により、被災者の平穏な生活が脅かされているのは看過できません。阪神・淡路大震災で多くの市民らが立ち上がり勝ち取ってきた制度が後退したり、教訓を意図的に忘れさせようとしたりする背景には、災害関連を含めた社会保障費を切り崩し、防衛関連費・軍事費などに回したいとの意図が見え隠れします。

1　全国の記者らが被災現場を2泊3日で取材（2018年秋）

災害の爪痕や復興状況を実際に見ながら、医療や社会保障などを考える「日本ジャーナリスト会議」の全国交流集会が、熊本、福岡両県で2018年10月19～21日、2泊3日の日程で行われました。新聞やNHK記者、医師・歯科医師、看護師、教員ら51人が参加しました。記者や医師らが寝食をともにして国のあり方を考える取り組みは例がありません。

「頻発する災害は『天災』なのか、くらし、医療・社会保障をどう守る」がテーマでした。朝日、毎日、熊本日日、北海道新聞、NHK、熊本県民テレビ、電通のほか、労働組合、全日本民主医療機関連合会（民医連）、全国保険医団体連合会（保団連）、熊本、大分、福岡歯科、兵庫県の各保険医協会、大学、医療・介護の関係者らが参加しました。「災害現場を見て改めてその悲惨さに驚き、医療や社会保障が危機的とわかった。市民の目線で立て直そう」「防衛費を突出させるのは問題。国民の命や健康に予算を割くべき」との声が上がりました。

熊本地震は2016年4月14日夜と16日未明に震度7の揺れが襲い、死者269人、最大18万人余が避難しました。朝倉日田豪雨は2017年7月、福岡・大分県境などで発生、死者40人を出し、自宅が流され今も自宅に戻れない人が少なくありません。

熊本県民テレビの城戸涼子記者が震災当時の状況を話し、益城町では崩壊した住宅や田畑を歩きました。さらに、裏山が崩れ「閉院」の誤報まで飛び出した阿蘇立野病院の上村晋一院長から聞き取りを行いました。

学習交流会では、南阿蘇村の松本久医師が「着工した立野ダムは断層帯近くにあり危険で無用」と指摘し、熊本地震で住民を守った医療活動を報告。菊陽病院の山口彩子歯科医師や、熊本市役所の吉良直子歯科医師らが補足し「口腔ケアなど歯や口を普段通りにきれいにし続けることで誤嚥性肺炎を防げる」と強調しました。毎日新聞の福岡賢正記者は「現行の補強工事の効果は限定的。ダム建設より耐越水堤防の整備を進めるべき」と話しました。

崩落し大学生の犠牲者が出た阿蘇大橋跡では、水道管も通り生活に直結していたことを確認しました。また、市立阿蘇医療センターで甲斐豊院長から、そして仮設住宅の住人から、それぞれ朝倉日田豪雨災害の状況を聞きました。さらに豪雨で不通となったままの日田彦山線沿いを井上一郎医師の案内で回り、復興は道半ばで手つかずの状態が多いことを確認しました。

近接する福岡県東峰村の東峰テレビは村民自身が創るメディアです。岸本晃社長と村民ディレクター2人からも、地域に密着した番組づくりや朝倉・日田豪雨の際の奮闘ぶりを聞きました。

同集会では「国の支援はわずかで打ち切るのも早すぎる。人災の側面が強い」「自助・共助・公助論は国の責任を矮小化し国民の責任を強調するもの」「憲法9条と25条は表裏一体」と、社会保障の充実をめざすことで一致しました。

2 ソウルや香港で声を上げる市民を見て

世界の情勢を見ても「不確実性」がいっそう大きくなっています。米国の1人勝ちが進む一方、巨大化する中国、そして「不寛容」や「自国主義」が世界に広がっています。それは日本でも顕著です。

韓国が日本の植民地支配から解放された「光復節」の2019年8月15日。反日感情にあふれているとの報道もありましたが、実際に取材すると、目抜き通りの世宗大路などには数十万人の「反安倍」を掲げる市民があふれ、これまでにないほど日本人観光客には友好的でした。安倍首相のような手法には反対で、韓国と日本の市民が連帯すべき、と訴える人がソウルの町には多数でした。

他方、中国への容疑者の引き渡しが可能となる「逃亡犯条例」。この改正案を契機に起きた市民の抗議行動が長期間続いた香港。外国人観光客も多い尖沙咀《ツィムサーツォイ》のネイザンロードでは、ごく普通のカップルや高齢者らが武装した警察官らとにらみ合っていました。何かのきっかけに武装警官が20歳代とみられる女性ら数人を警棒で数十回、激しく殴りつけ後ろ手に手錠をかけました。数千人の市民らは「恥を知れ」「釈放しろ」と大合唱。警察隊は催涙ガスを発射しました。市民らは逃げ惑い靴や買い物袋などが現場に散乱し、警察への抗議の声がこだましました。

年が明け2020年になっても、香港の状況は混沌としたままです。元日には、民主派団体「民間人権陣線」が主催するデモ行進「民陣元旦大遊行」が、香港島・銅羅湾《トンローワン》のビクトリア公園~中環《セントラル》の遮打道《チャーター・ロード》までの約4キロにわたって行われ、103万人が参加しました。デモ行進は平穏に進みましたが、日が傾く頃に武装警察隊が放水や催涙ガス発射に乗り出し、人権観察員3人を含む約400人が逮捕され、香港市民の間で再び怒りの声が広がりました。

「香港の市民はやり過ぎだ」「韓国はろうそく集会やデモが好き」と揶揄する声を聞きます。日本でもこの間、「政府への抗議デモや集会は、数多くあった」のは認識していますが、規模や広がりは極めて限定的でした。

消費税率が10％にもなりましたが、国民はみな「社会保障など暮らしをよくすることに使う」との政府の説明が、事実とは遠いことをうすうす勘づいています。現政権の取り巻きを重用し、利益誘導する政治が続いていることもわかっています。それなのに、声を上げることを控える国民性が目につきます。

しかし、いまのままの「国民不在」の日本では国自体が成り立ちません。被災者を守るのも「セーフティネット」ではないでしょうか。国が国民に対し安全と安心感をもって平穏な社会生活を保障する「安全網」は、憲法に基づき国に課された責務。ですが、実際にはたいへんお粗末なもので、これでは災害に苦しむ人たちを守ることができないではありませんか。

日本は災害列島です。2020年に入り世界を襲っているCOVID-19（新型コロナウイルス感染症）も災害であり、対策の遅れが目立つ日本では「人災」の側面を強めています。いつでも、どこでも、誰でも、安心して生活できる日本に立ち返れるよう、声を上げ、1歩、そしてもう1歩、踏み出すことが私たちに求められているような気がしてなりません。新聞・通信・放送などのメディアや、ジャーナリストたちも生活者の立場からの情報発信を心がけるべきです。そうすれば国は動き始めるのです。

2 熊本地震から4年

増える孤独死予防対策が急務

熊本市・本庄内科病院院長　本庄弘次

1 地震を機に新たな視点で地域貢献へ

地震が起こって4年経ち、熊本市内は復興も進んできている反面、市内のあちこちにあった懐かしい風景が減り続けています。地震直後にはなんとか持ちこたえた建物が、徐々に歪みが広がって耐えられなくなったものもあれば、せっかく残った建物を新しい都市計画で壊すケースもあります。益城町では復興事業の一環として町を縦断する大きな道をつくることになり、そこにあった病院は復興どころか立ち退きとなって、やむを得ず閉院をされました。この病院は地震にではなく、行政の都市計画に負けたといっても過言ではありません。よりよい復興をめざすことは新たな犠牲をも生んでいることを表しています。

本庄内科病院も地域医療構想によって体制の変更をやむなくされ、55床あった病床を29床の地域包括病床と26床の介護医療院に再編成して2019年4月、新たにスタートしました。病床削減になりましたが、収益は以前とほぼ同等ないし少し改善しました。ただし人件費はどんどん増加し、経営を圧迫し続けています。

地震と地域医療構想というダブルパンチを受けた気分です。

それでも前向きに考えていくしかありません。そこで、地震のときに芽生えた助け合いの心と地域医療構想による地域貢献の事業をつなげて、新たな視点での地域貢献を職員とともに考えています。具体的には、認知症対応に対する近くの医療機関同士の連携や、土曜日の午後などを利用して地域に向けた勉強会、健康教室などを始めています。

2 さらなる孤独死の予防対策が必要

あちこちにあった仮設住宅はどんどんなくなってきていますが、市営住宅などで多くの高齢者が一人暮らしをしていて、孤独死は増える一方です。2014年頃の熊本県内での検死事例は年間1500例ほどでしたが、2018年には2000例近くになっています。

社会全体が高齢化するなかではやむを得ないという考えがありますが、地震を機に自宅を失った人も多く、さらなる孤独死の予防対策が必要です。たとえば入浴中のヒートショックを避けるために1人で入浴しないよう教育したり、介護スタッフにチアノーゼなどの危険信号を教育したりすれば、孤独死の何パーセントかは減らせるのではないでしょうか。これらは市にも提案しています。

地震からの復興に私たち医療従事者は何を行うべきでしょうか。いくつかの医療機関が独自にBCP（事業継続計画）*をつくったと聞いた程度で、組織的な新しい対策はまったくできていません。その理由に、地震の規模や損害の程度によって対応が違うため、一様に対策が立たないことがあります。

実際、今回の地震でも最初の3日間は近所同士の助け合いしかできませんでした。それでも新たな対策は地域として立てるべきだと思いますが、孤立した場合の対応も考えておくことが実践的かもしれません。

＊ＢＣＰ＝事業継続計画（BCP:Business Continuity Plan）。災害時に特定された重要業務が中断しないこと、また万一事業活動が中断した場合に目標復旧時間内に重要な機能を再開させ、業務中断に伴う顧客取引の競合他社への流出、マーケットシェアの低下、企業評価の低下などから企業を守るための経営戦略（内閣府ホームページ：http://www.bousai.go.jp/kyoiku/kigyou/keizoku/sk.htmlより）。

3 誤嚥性肺炎の歯科口腔ケアの重要性

熊本県菊陽町・社会医療法人芳和会菊陽病院・歯科医師
山口彩子

熊本地震から4年以上過ぎました。私のパソコンの「熊本地震」というフォルダの中を見ると、地震発生直後の状況が刻一刻と、細かくわかります。

私が勤務している精神科の菊陽病院では、300人以上いる入院患者の食糧と水の確保が緊急課題でした。ストックと自衛隊の給水で乗り切りました。さらに隣町である震源地の益城町の精神科病院から患者受け入れ要請もあり、一時は病床数を超える入院患者数となりました。

1 病棟、避難所を回って口腔ケア

一方、地震被害で出勤できない職員も多く、大規模災害における病院対応はマンパワーをはじめ多くの課題を残しました。私は、寝たきりや高齢者などリスクの高い入院患者の震災関連肺炎を危惧し、歯科衛生士と2人で口腔ケアをして病棟を回りました。しかし、限られた人数、限られたグッズや水だけでは、1人につき1日に50人くらいのケアが限界でした。

水の濁りのため可能な歯科治療は限られていましたが、近隣の歯科医院が休診しているなか、菊陽病院では歯科も含め外来診療を継続しました。もっとも、ほとんどの外来患者も避難生活を送っていたため、混乱のなかで歯科に来院する人は少なく、空いた時間を使って町の避難所を巡回しました。

避難所にはすでに近くの歯科医院から提供された歯ブラシなどがありましたが、数は到底足りないと感じました。私はSNSを介して口腔ケアグッズの支援物資を送ってもらうよう呼びかけました。幸いにも全国の人たちとつながり、本当にたくさんの支援物資が届きました。

ある老人保健センターには在宅療養中の人も含め高齢者が多数避難していましたが、口腔ケアグッズはわずかでした。口の中を見せてもらうと、災害関連肺炎のリスクは非常に高いと感じましたが、そこに関与できていた歯科医師・歯科衛生士はいませんでした。

2 水の供給が止まったなかで

避難生活における口腔ケアの主な問題点は、水の供給が広範囲にストップしたことでした。それは熊本地震の特徴でした。

菊陽病院が熊本地震から1年後に実施した「熊本地震における避難生活での口腔ケア環境調査」では、震源地を含む9自治体に居住する93人から回答を得ました。避難形態で主に多かったのは「避難所」「車中泊」でした。避難先での水は「ペットボトルの水を使用」、口腔ケアグッズは「自宅から持ち出した」「避難所でもらった」という回答が多数でした。

「お口のケアがふだんと比べてどうだったか」について、「全くできなかった」「少しできなかった」が合わせて48人（51・6％）で、「水が使えない」「それどころでない」という理由でした。「口腔内・全身のトラブル（地震後2か月間）」については「歯ぐきが腫れた」「口が乾きやすかった」「口臭がひどかった」「口内炎ができた」「食事が食べにくかった」「歯が痛い」などの症状がありました。その後の歯科医院の受診は圧倒的に「しなかった」との回答が多く、「それどころではなかった」「暇がなかった」「行く手段がなかった」などが理由でした。

過去のさまざまな災害での問題点と一致する回答が多かった印象ですが、水が手に入りにくいことと、非常時ではやはり「口の中のことは後回しに」という被災者の心理が浮き彫りになりました。

3 専門家としての役割

熊本地震の災害医療支援には、阪神・淡路大震災、東日本大震災での被災者や災害支援の経験のある人などが、その高い当事者意識と経験をもとに一番に飛び込んで来ました。

なかには具体的に誤嚥性肺炎のハイリスク者をアセスメントしアプローチできる専門家もいて、私はそれをサポートする役割に志願し活動しました。私の住む南阿蘇村および高森町では非常に組織的かつシステマチックな災害歯科医療支援が行われ、感動すら覚えました。全国のさまざまな団体からの災害医療支援チーム（DMAT、日赤、民医連、国境なき医師団、医師会、歯科医師会）および多職種（医師、看護師、理学療法士、栄養士、薬剤師、歯科医師、歯科衛生士、保健師）の支援人材が200名以上集まり、本来ならここまで多くの団体が集まれば混乱を来すところを、地元在住医師をコーディネーター医師として選出し、毎日朝晩、全員でのミーティングをルールとして、避難所や高齢者・福祉施設、在宅での活動報告を共有し、再度各所に効率的に役割を配置していったのです。地震によりほぼ孤立したエリアだからこそ実現できたかもしれませんが、被災地在住民としては大変心強かったのです。同時に、ほかの被災地域ではどうだったかのフィードバックを行っていく必要性も感じました。

また災害後、防災や災害歯科医療支援について、専門家としての自分たちの役割を専門家の間だけの共有に終わってはいないかという気持ちから、自分なりの発信を続けてきました。

4 口腔ケアから地域づくりを考える

地震後強く意識し始めたのは「地域づくり」です。自分の病院で通常の歯科医療だけを粛々と行っていけばいいと思っていたわけではありませんが、災害によっていかに地域に目を向けてこなかったかを思い知らされました。

防災とは地域づくりの根本で、復興とは「Re：地域づくり」つまり、地震により噴出したさまざまな問題点を、また最初から立て直すことではないか。人口減、道の寸断、観光や農業への影響など人々の営みを遮断した災害から、自分の住む町の「地域力」の脆さを教えられました。私にとって熊本地震は「口腔ケアから地域づくりを考える」強いきっかけとなりました。

「こころのなかの復興」は何をもっていうのでしょうか。それは仕事や家などの「日常的な暮らしの場」が安定してこそ得られるものだと思います。それを無視した大型公共事業的復旧に憤りを感じていますが、どこの被災地にも共通の想いだと思います。

国や自治体の国民無視の復興事業が進む一方で、いまだに仮住まいの被災者たちは食べものや病院に行くのを我慢しています。それは災害に関係なく、いまある日本の格差社会の縮図であり、社会に取り残された人々に目を向けることが防災への第一歩である気がしてなりません。

福島をはじめ東北にも、20年以上経った神戸にさえも、これからへの不安を抱えたままの被災者がいまだに取り残されています。災害を経験した人たちは、自分たちが残した教訓がなぜ次の災害に生かされなかったかと、いつも感じているでしょう。日々の人々の暮らしを常に見つめてこそ、防災の第一歩だと思っています。

4

「震災関連死」を防ぐために
医科・歯科連携での歯科衛生士の役割

歯科衛生士　村本奈穂

1　災害時に感じた医療の原点

熊本地震のとき、私は南阿蘇村の介護老人保健施設の歯科衛生士でした。地震直後は道路が寸断されて出勤できず、その老健施設の母体である阿蘇市の病院に行きました。病院では看護師や介護士が、患者の排泄処理後に必死で口腔ケアに取り組んでいました。それぞれ、消防団や地区の炊き出しなどをしながら、夜勤もしているという大変過酷な状況でした。

「私は歯科衛生士なので、口腔ケアは任せてください」と伝え、その病院で1日中口腔ケアに駆け回りました。初めて会う人たちばかりでしたが被災者という連帯意識のようなものがあり、すごく勇気がわきました。普段ならできなかったと思います。

このとき、朝礼での私たちを気づかった看護師長の言葉が非常に印象に残っています。

「DMATの人が来ている間、みなさんは少し休みましょう」

「みなさんに感謝しています。きついときは手をあげて、隠れて寝ていいです。あなたたちが大事」

余震が毎日続くなか、初対面のスタッフとも「明日も生きて仕事をしようね」とハグや握手をして帰りました。ある種の連帯意識を形にして、互いを思いやる。これが本来の医療人のあり方、医療の原点なのではないかと感じました。

2 普段の医科・歯科連携の重要性

地震とその後の経験を通じて、普段からの医科・歯科連携の大切さを痛感しました。歯科衛生士がその連携や介護・福祉の現場で役に立てるように、もっと勉強しなければならないと気づくことができました。そのために、もっと身体全体を知り、他職種の仕事を知ること、顔の見える関係を築いていくことが大事だと思いました。

想定外に備え、強大な力に立ち向かうには、まず「災害は来ない」という思い込みを廃して、災害を正しく想定するように努めなければならないのではないでしょうか。行政主導、トップダウン型の災害対応ではなく、ボトムアップ型の新しい災害対応システムが求められると感じます。

熊本地震は、コミュニティの努力という光の部分があるものの、前震や本震での直接死と事後の過程で生じた「震災関連死」もありました。公助が来るまでの自助、共助において、歯科衛生士は、口の清潔を保つケアを広め、摂食嚥下機能の観察、病気や薬を勉強し、超高齢社会において、他職種へ紹介できるよう平生からの研鑽が必要であると思います。

5 外国人から見た大震災
助けられる側から助ける側へ

久留米大学外国語教育研究所講師
ディヌーシャ・ランブクピティヤ
（S・M・D・T・ランブクピティヤ）

1 背景と問題意識

(1) 地震と豪雨に追われた私の経験

私はスリランカ出身です。2004年にスマトラ沖地震が起きました。この地震はインドネシア西部のスマトラ島沖で起き、インド洋を挟んで対岸にあたるスリランカにも大きな津波が押し寄せました。ただ、私自身は内陸に住んでいて、直接この津波の被害を受けたわけではありません。

私は2008年に日本に来ました。2011年3月11日の東日本大震災のときは長野県に住んでいました。まだ留学生だったので、そのときは大学のなかにいました。スリランカで小さい頃から「地震のない国に生まれて幸せだよ」といわれて育ってきた私にとって、身体に感じる初めての地震でした。

その2～3日後に長野県北部の栄村のほうで地震が起きました。この地震のときはわが家もかなり揺れました。当時3歳と1歳だった2人の子どもが一気に泣き始め、抱きしめたことをよく覚えています。

2016年4月1日に熊本に引っ越すと、その2週間後の14日に熊本地震が起きました。熊本市東隣の益城町で震度7を記録しました。私たちは熊本市中央区に住んでいましたが、停電し、ガスコンロや電化製品などあらゆるものが倒れ、家中のものが落ちて散乱しました。私にとって本当の意味での地震体験でした。住んでいたアパートの壁にもヒビが入り、一部損壊と判定されました。

２０１７年に熊本から福岡県久留米市に引っ越すと、その年7月に九州北部豪雨に襲われました。久留米も大きな被害を受けました。

(2) 外国人の増加

いま在留外国人が増えています。法務省が発表した２０１９年6月現在の速報値では２８２万９４１６人です。政府は２０１９年の4月から技能実習生、特別技能実習生などの形で外国人を受け入れる方針を決めていますから、これからも増えていくと思います。

外国人の出身地で多いのは中国、韓国、ベトナム、フィリピン、ブラジル、インドネシアなどです。これらの国々に共通する特徴として、英語圏ではないということを強調しておきたいと思います。

ここでは、震災などの災害が起きて外国人が直面する多くの問題のうち、コミュニケーションの問題と孤立感について考えます。

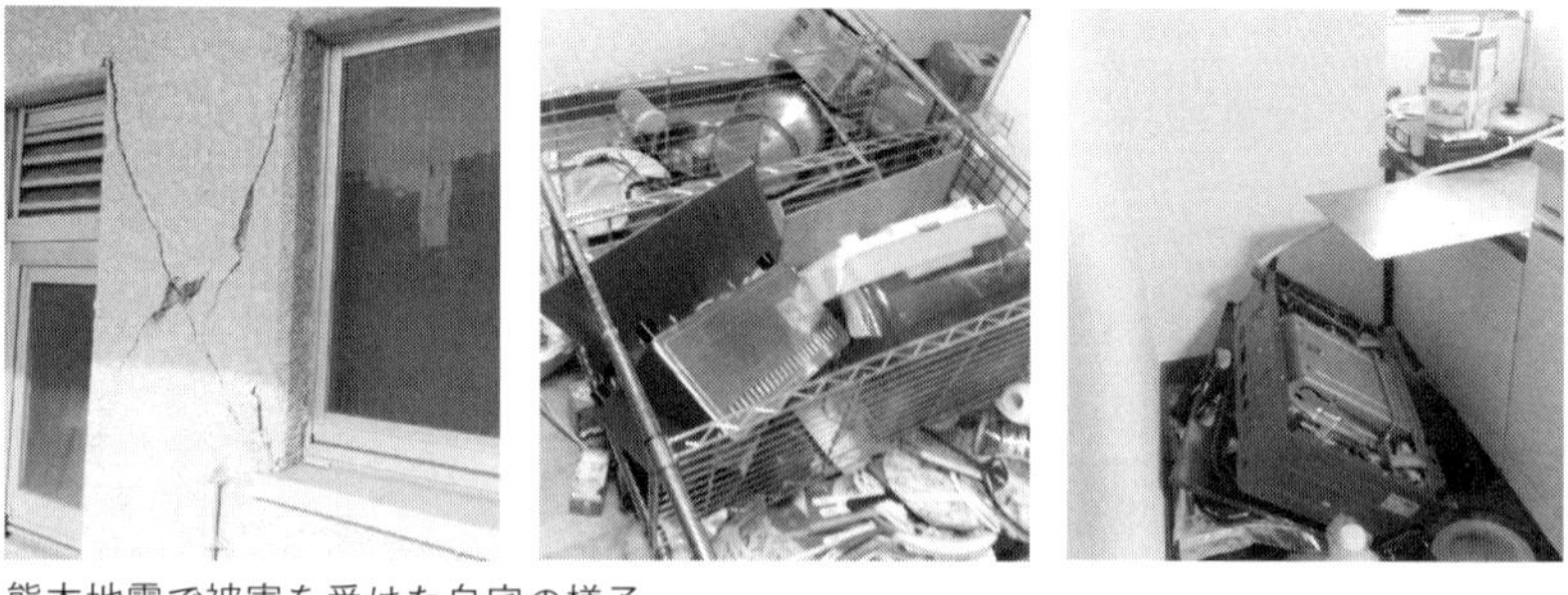

熊本地震で被害を受けた自宅の様子

2 コミュニケーション問題と「やさしい日本語」

(1) 緊急時のコミュニケーションの問題

首都大学東京のダニエル・ロング教授は「緊急時に言語が通じるかどうかによって『生死』が別れる」と述べ、それは「究極の保健科学問題」であると指摘しています（ダニエル・ロング「緊急時における外国人住民のコミュニケーション問題—東日本大震災と阪神大震災から学べること—」「The Journal of Japan Academy of Health Sciences」14(4)、２０１２年）。

言語には、日本人から外国人側に流れる情報と、外国人から日本人側に流れる情報という、２つの使用場面があると思います。

日本人から外国人側への情報は、大きくはマスメディアのニュース、あるいは避難所の情報などです。ここでの大きな問題点は、日本語の単語が非常に難しいこと、そして文が複雑なことです。そのため情報収集が困難になり、外国人はかなりの不安に陥ってしまいます。

外国人から日本人側へ伝える場合の問題は、自分の母語で話せないことです。伝えたくても、日本語で話さなければならなくなると十分話せません。普段の生活でもストレスに感じていますが、災害の場合、その不安やストレスは何倍も増します。

(1)中国	786,241人	(構成比27.8%)	(+2.8%)
(2)韓国	451,543人	(構成比16.0%)	(+0.4%)
(3)ベトナム	371,755人	(構成比13.1%)	(+12.4%)
(4)フィリピン	277,409人	(構成比9.8%)	(+2.3%)
(5)ブラジル	206,886人	(構成比7.3%)	(+2.5%)
(8)インドネシア	61,051人	(構成比2.2%)	(+8.4%)

出典：法務省「令和元年6月末現在における在留外国人数について（速報値）」（http://www.moj.go.jp/nyuukokukanri/kouhou/nyuukokukanri04_00083.html）

熊本地震の際、私は日本に来たばかりのブラジル人留学生を担当していました。その留学生は、日本人がみんなアパートから出て行ったので自分も出て行き、彼らの後ろを歩いて小学校にたどり着いたそうです。何をしなければいけないのか、どこに行けばいいのか、何もわからなかったそうです。「そのとき私は英語しか話せず、『どこに行っていいのか』という日本語もできなかったので、聞けませんでした」と話していました。

(2)「やさしい日本語」で伝える

コミュニケーション問題を解決するために、いま「やさしい日本語」という概念が出てきています。阪神・淡路大震災で多くの外国人が情報を理解できなかったことから、弘前大学の佐藤和之教授のグループなどが研究してきた概念です。

だいたい小学2~3年生レベルの日本語は「やさしい日本語」にあたるといわれています。たとえば「です、ます」で話す、短い文で話す、書くときはできるだけ漢字にふりがなをふる、四字熟語などを使わない、などいろいろなルールがあります。

私は熊本地震のときに「罹災証明書」の「罹災」がまったくわかりませんでした。私の国の言葉での説明を日本語に訳すと、「津波あるいは地震などの大きな災害が起きたときに、市役所のような政府の機関が自分の家はどのくらいの損害を受けたかを判断して、それを証明するためにつくられる書類」と長くなります。それが日本語では「罹災証明書」という漢字5字にまとまっているのですが、外国人には非常に難しい点です。

外国人向けに避難所の情報を提供する際、たとえば図1の「もらうことが　できます」というお知らせは「やさしい日本語」による情報発信です。「あたたかい 食べものを もらうことが できます」「ただです」「無料です」「お金は いりません」というような形が提唱されています。

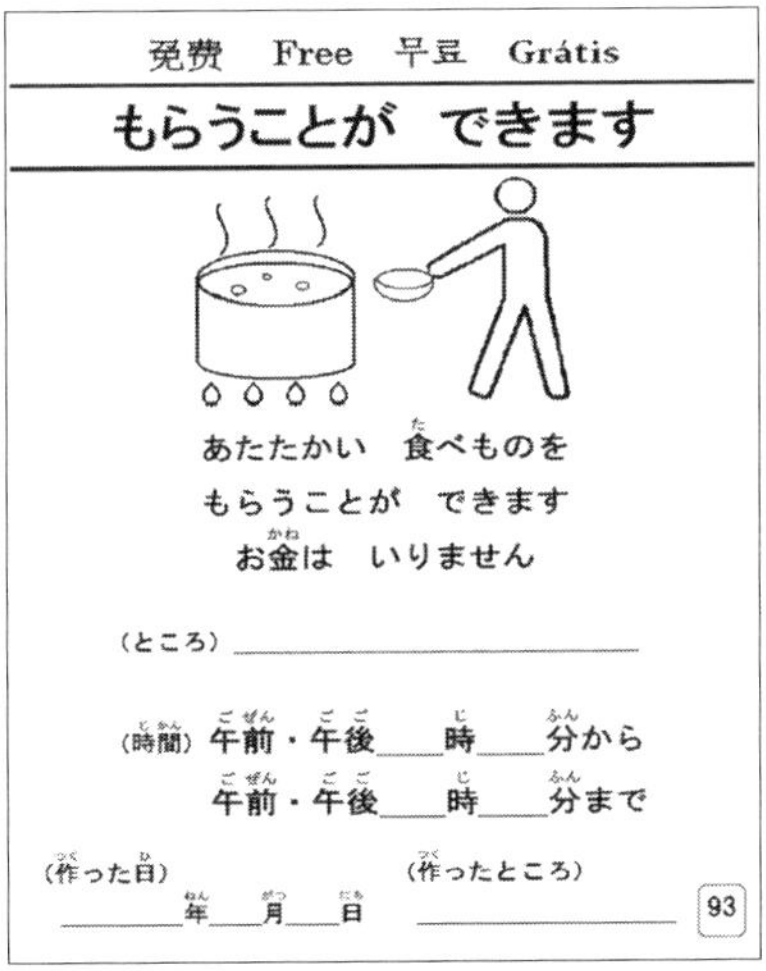

図1　「やさしい日本語」による情報発信例（出典：「やさしい日本語」ホームページ。ただし2020年1月17日閉鎖）

3　孤立感と心のケア

(1)「大変だったね」のひとことを

災害時の外国人の不安は、日本人の何倍も大きいと思います。母国ではなく、自分の母語を使えない、異文化の環境のなかで起きる災害だからです。

ですから外国人の場合も、心のケアが非常に大事です。その際に私が必要だと考えるのは、避難所で隣に座っている人にかける「大変だったね。つらかったね」というひとことです。

誰にもそういう声をかけられなかったことが、私にとっては大きな孤立感でした。知らない外国人に「大変だったね」というのは、日本人にも外国人にも難しいと思いますが、災害時だからこそ必要ではないでしょうか。

(2) 助けられる側から助ける人に

阪神・淡路大震災のとき、外国人の多くは「助けられる」人たちでした。しかし社会は変わってきているので、いまは「助ける」外国人もたくさんいると思います。

たとえば、看護師やヘルパーの資格をもっている外国人はたくさんいます。この人たちを、日本人といっしょに支援する側にも回す必要があると思います。

いま社会には「多文化共生」という概念があります。日本人も外国人も互いにウイン・ウインの関係で和気あいあいと生活する社会です。それを実現するには、「助ける・助けられる」という一方的な関係ではなく、互いにどちらにも回る必要があると思います。

私は、自分がいた避難所にスリランカのカレーを持って行ったり、熊本の外国人向けに「やさしい日本語」で情報を発信したりする活動に協力しました。こういう活動を通して、私も一人ぼっちではない、日本社会に協力しているという意識が芽生えてきました。

日本人のなかで生活していくには、これも1つの心のケアになるのではないかと感じています。

あとがき

兵庫県保険医協会は１９９５年１月17日の阪神・淡路大震災の被災地の開業医の医療団体として、東日本大震災被災地では浅虫・八戸から南相馬・いわき湯本まで、熊本地震被災地では市内・南阿蘇村と現地の訪問をつづけ多くのことを学ばせていただきました。

そのなかで「被災地から招いて、そして被災地に集ってともに考えよう」と２０１１年から被災地から来ていただいて、医療・暮らしを中心に地域の現状と課題についての講演会を毎年つづけています。そして、宮古・南三陸・福島からの〈被災地交流物産・物品展〉（２０１８年には南阿蘇村の農作物展）を２０１５年より西宮・神戸で年に2～3回、開催しています。

そして「私にできることはありませんか～水くみでも……阪神・淡路大震災西宮看護ボランティアの記録」（１９９６年6月兵庫県保険医協会）、『被災地での生活と医療と看護～避けられる死をなくするために』（２０１１年1月クリエイツかもがわ）と『巨大災害と医療・社会保障を考える～阪神・淡路大震災・津波・原発震災の経験から』（２０１５年6月クリエイツかもがわ）と出版を重ねてきました。

本書はこれらの取り組みを引き継いだもので、第Ⅰ部から第Ⅳ部までの構成で２０２０年1月の本協会主催の〈阪神・淡路大震災25年の集い〉での報告、東日本大震災での青森、岩手と宮城の各地、福島原発事故、熊本地震からと

阪神・淡路大震災25年の集い（2020年1月）

してコラムをはさみ、被災地で、またその訪問で協力いただいた方々の被災地での生活と意見、経験と工夫および巨大災害についての意見と提言が響き合うように述べられたものとなっています。

寺田寅彦の随筆「天災と国防」（1934年）にある「文明が進めば進むほど天然の暴威による災害がその劇烈の度を増すという事実である」「しかし昔の人間は過去の経験を大切に保存し蓄積してその教えにたよることがはなはだ忠実であった」の言葉は、地震・風水害・核をはじめとする災害や新たな感染症などと、それに関連する事態を想定し対応をはかる上での重要な指摘がなされています。

本本出版の目的は同じく、東日本大震災10年を節目として、災害を経験した医療・福祉・生活者の視点からの提言をそれに深く結びついた科学的知見とともに行うことであり、本書を手にされた方々のあいだで、そして執筆者とのあいだで、新たなつながりがさまざまに形づくられていくことを心より願うところにあります。

被災地訪問をはじめさまざまな取り組みに被災地をはじめ多くの方々、青森、岩手、宮城、福島と熊本各県の保険医協会、大阪府保険医協同組合、全国の各保険医協会と全国保険医団体連合会からのあたたかい協力をいただきました。この場を借りて感謝申し上げます。

本書の出版に尽力をいただいたクリエイツかもがわの田島英二社長はじめスタッフの方々、出版に協力をいただいた多くの方々に、この場を借りて心より感謝を申し上げます。

兵庫県保険医協会

2020年6月

◉編者
兵庫県保険医協会／協会西宮・芦屋支部
〒650-0024 兵庫県神戸市中央区海岸通1丁目2-31
神戸フコク生命海岸通ビル5F
電話 078（393）1801　FAX078（393）1802
HP http://www.hhk.jp/

クリエイツ**震災復興・原発震災**提言シリーズ 10

東日本大震災・原発震災10年、そのあとに
――医療・福祉・生活者の視点からの提言

2020年8月11日　初版発行

編　者◦Ⓒ兵庫県保険医協会／協会西宮・芦屋支部

発行者◦田島英二　taji@creates-k.co.jp
発行所◦株式会社 クリエイツかもがわ
〒601-8382　京都市南区吉祥院石原上川原町21
電話 075(661)5741　FAX 075(693)6605
ホームページ　http：//www.creates-k.co.jp
郵便振替　00990-7-150584

ISBN978-4-86342-292-6 C0036　printed in japan